守望思想　逐光启航

城市运转的秘密
水、电、互联网背后的故事

Hidden Systems: Water, Electricity, the Internet,
and the Secrets Behind the Systems We Use Every Day

[美] 丹·诺特 \ 著

邹熙 \ 译

上海人民出版社

LUMINAIRE BOOKS
光启书局

《城市运转的秘密》由铅笔在打印纸上画出线稿，
在布里斯托板上用墨水绘制，
然后以数字方式添加文字并上色。

献给我的家人

——父母、弟弟、祖父母，
你们的善意、好奇心和创造力总能带给我启发。

目录

《城市运转的秘密》插画示例

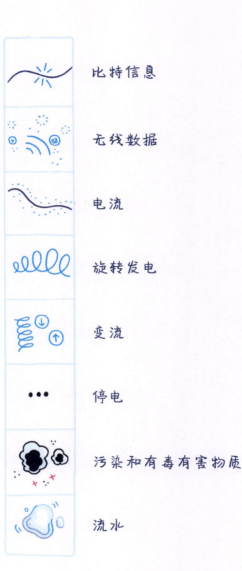

比特信息

无线数据

电流

旋转发电

变流

停电

污染和有毒有害物质

流水

导言

什么是隐秘的系统?

……世界的终极隐蔽真相是，它是我们创造的，而且可以很容易被改造成另外的样子。

——大卫·格雷伯

我之所以开始画隐秘的系统，是因为漫画似乎拥有这种"超能力"，

能把我们对事物的想象

与事物的实际运作机制相比较。

把零散的片段

置于更大系统的背景中审视，

呈现其中蕴含的历史、

不公平现象，

权力差距

殖民遗留问题

访问权

以及想象未来的可能性，

这些都隐藏在我们
最不在意的事物中。

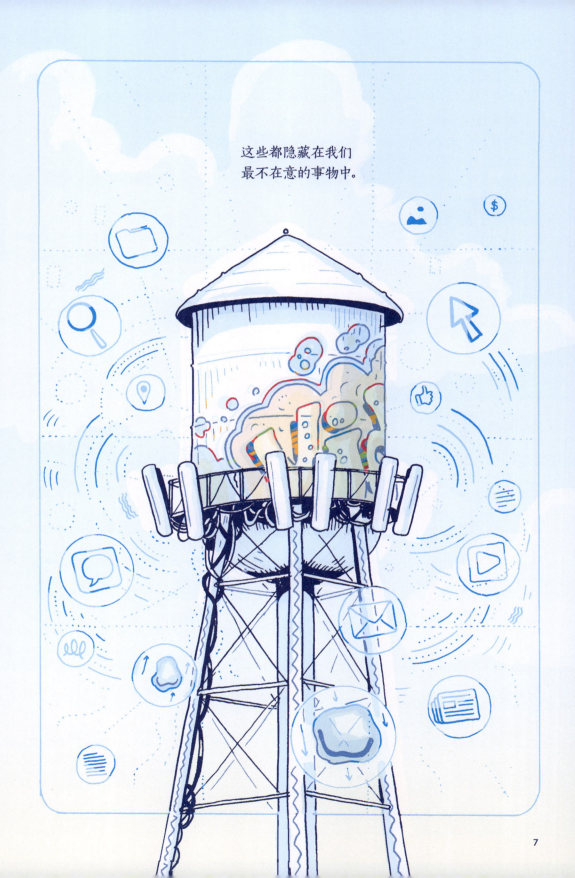

为了画这本书，我与许多人交谈，也尽可能多地读书。

工程师写的书
历史学家写的书
个人经历

我相信提出问题并画出答案是一种高效的学习和理解方式。

漫画家本人

这些漫画画出了问题探索的过程——

想象中的互联网 vs. 实际的互联网，有什么区别？

电力如何驱动世界？

供水系统与地球气候变化如何相互影响？

将隐藏于表面之下的东西

揭开一角。

网络就是计算机。

——约翰·凯奇，太阳微系统公司

光的线路

我们如何想象互联网，
它实际又是什么样的？

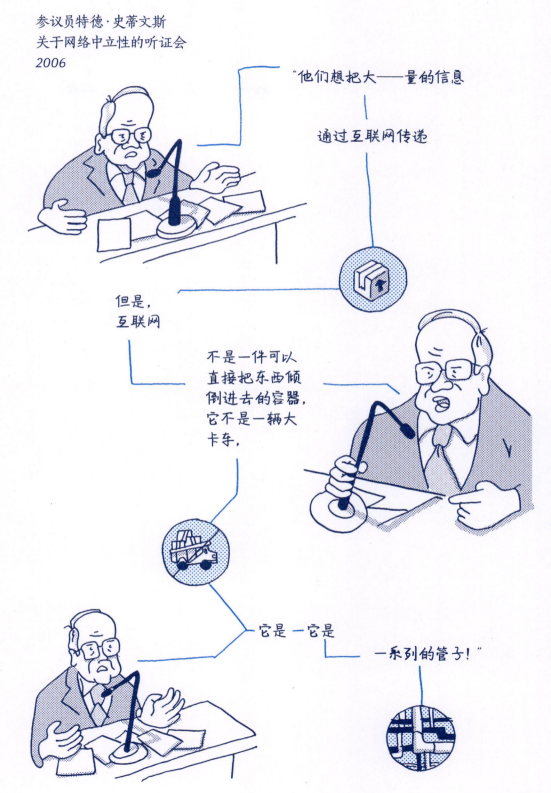

"他们想把大——量的信息

通过互联网传递

但是，
互联网

不是一件可以
直接把东西倾
倒进去的容器，
它不是一辆大
卡车，

它是一它是

一系列的管子！"

也许这就是为什么我们思考和谈论互联网时，
喜欢混用一系列奇怪的视觉比喻。

可如果我们谈到互联网时只有比喻可用，

我们对它的想象和理解会受到怎样的影响？

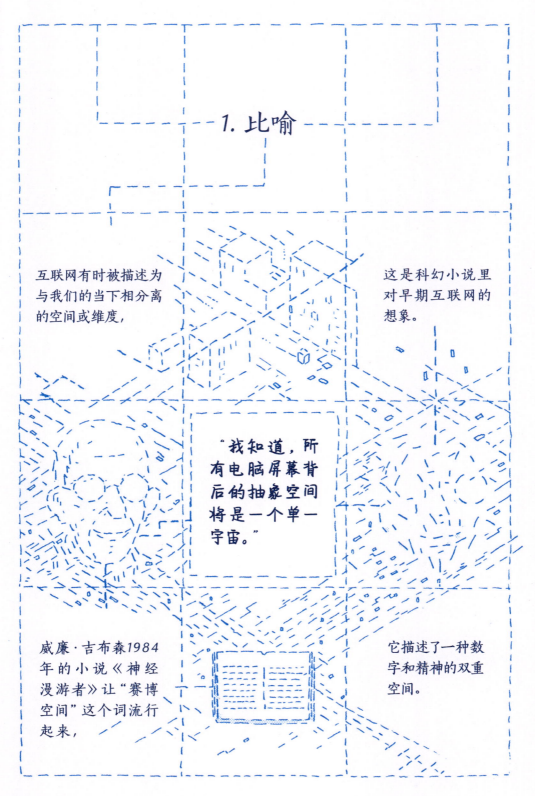

1. 比喻

互联网有时被描述为与我们的当下相分离的空间或维度，

这是科幻小说里对早期互联网的想象。

"我知道，所有电脑屏幕背后的抽象空间将是一个单一宇宙。"

威廉·吉布森1984年的小说《神经漫游者》让"赛博空间"这个词流行起来，

它描述了一种数字和精神的双重空间。

"赛博空间，是人们每天都在共同感受的幻觉空间，

包括遍及全球数以十亿计的合法操作者，

包括正在学习数学概念的儿童……

它是人类系统全部电脑数据抽象集合之后

产生的图形表现，

有着无法想象的复杂度。

它是排列在无限思维空间中的光线，

是密集丛生的数据。

如同万家灯火，

正在退却……"

——威廉·吉布森
《神经漫游者》[1]

17

我们使用的比喻通常
反映出我们的偏见。

比如，当互联网被描述为一种交通
基础设施时，

信息高速公路

有匝道，

有流量，

有快车道和
慢车道，

它就成了一套为公共用途而建设、
维护和管理的系统。

当我们说通过网络来连接和交流时，

会使用"广场"或"虚拟社区"这样的词。

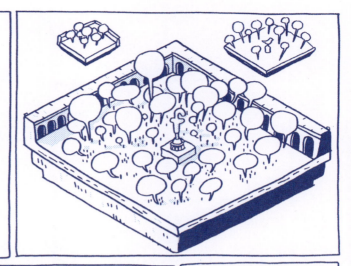

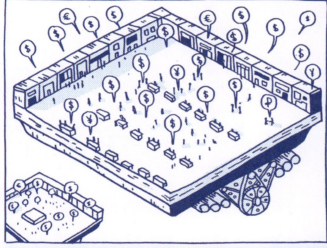

加入了经济议程，互联网又像一个汇集了商业和观念的市场，或一台增长引擎。

作为一个没有政府干预的空间，网络就像边疆，

和"蛮荒西部"一样广袤而没有法度，

又像一个自我调节的生态系统。

有时这片边疆被称为数据的海洋，

有表层网络

和深网。

它由浏览器来导航，

有时会被海盗劫掠，

用户带着好奇心漫无目的地在上面冲浪。

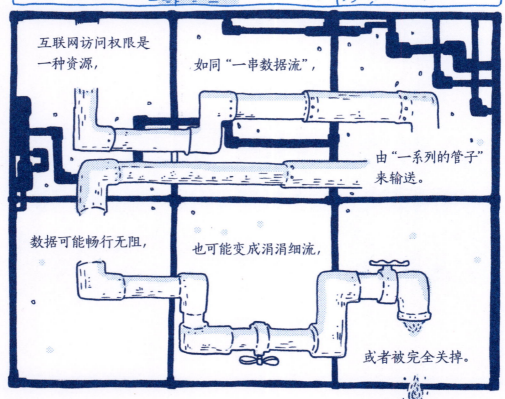

互联网访问权限是一种资源，

如同"一串数据流"，

由"一系列的管子"来输送。

数据可能畅行无阻，

也可能变成涓涓细流，

或者被完全关掉。

"云"这个比喻
则暗示着数据是
一种转瞬即逝的
信息层，

在大气层的
某处

闪烁跳跃，

为我们分享
和存储数据，

提供一种理想的
轻量化解决方案。

但真实的互联网
几乎与以上的意象
完全相反。

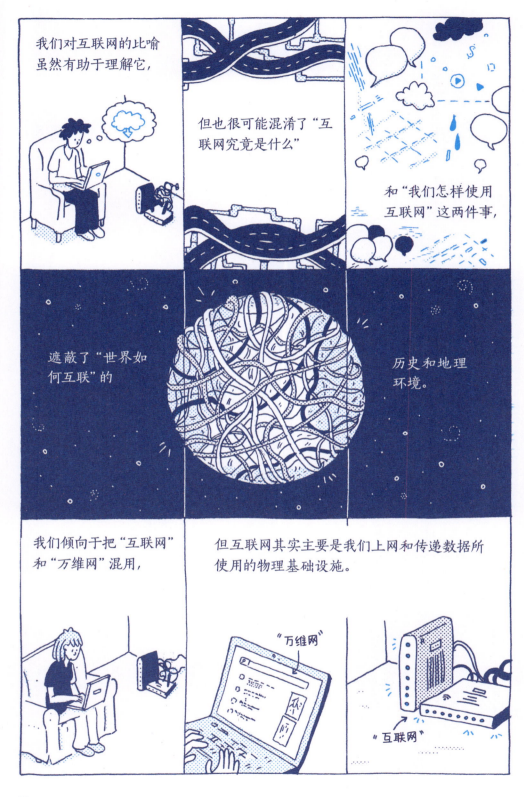

我们对互联网的比喻虽然有助于理解它，

但也很可能混淆了"互联网究竟是什么"

和"我们怎样使用互联网"这两件事，

遮蔽了"世界如何互联"的

历史和地理环境。

我们倾向于把"互联网"和"万维网"混用，

但互联网其实主要是我们上网和传递数据所使用的物理基础设施。

"万维网"

"互联网"

2. 电缆

我们把互联网说得仿佛
是飘在空中。

太平洋的电缆铺设船

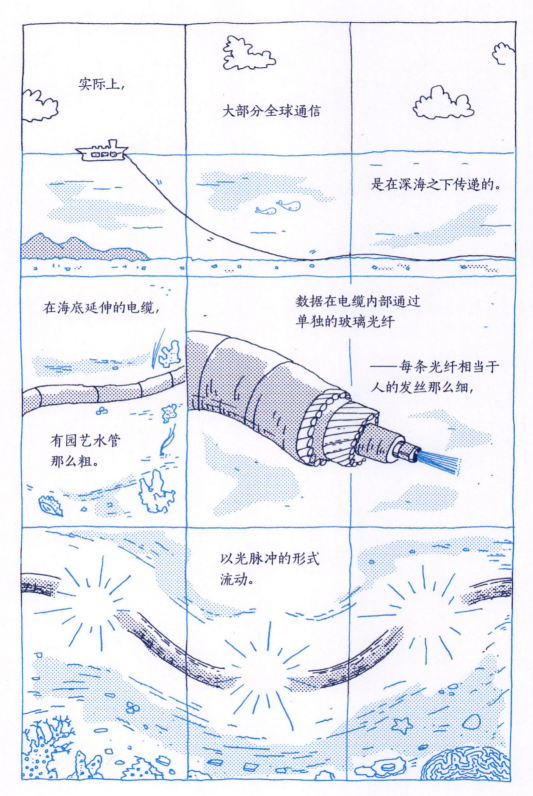

实际上，

大部分全球通信

是在深海之下传递的。

在海底延伸的电缆，

数据在电缆内部通过
单独的玻璃光纤

——每条光纤相当于
人的发丝那么细，

有园艺水管
那么粗。

以光脉冲的形式
流动。

尽管看上去很高科技，但其实现代电缆是以最古老的通信技术为基础建造的。

1844年，萨缪尔·摩斯用自己的电码从华盛顿特区向巴尔的摩发出了第一封电报，

上.帝.创.造.了.何.等.的.奇.迹！

哔 哔 哔

从此掀起一阵电缆铺设的新热潮。

不久，英国工程师发明了一种能铺在海底的电缆。

他们给船配备设施，铺了几千英里的电缆，

以方便人们在幅员辽阔的帝国互相通信，

最终用一组名为"全红线"的电缆网络将大英帝国在全球的殖民地联系起来。

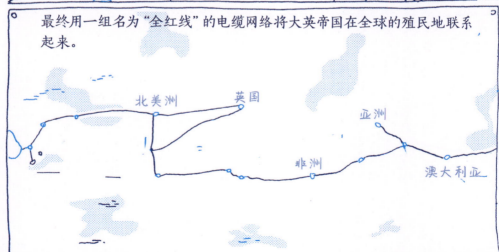

北美洲　英国　亚洲　非洲　澳大利亚

与此同时，电缆在美国的对外扩张中也起了一定作用。

1898年美西战争期间，美国海军砍断了古巴的部分海底电缆，以切断古巴岛与西班牙帝国之间的联系。

1903年美国建成首条跨太平洋电缆，以便与新近控制的殖民地菲律宾通信。

罗斯福通过太平洋电缆等几条电缆发出了美国的第一封环球电报。

历经帝国主义和商业海底电缆的繁荣，电报网成为人类历史上首个全球性的通信系统。

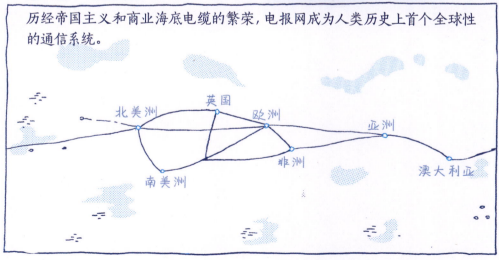

今天，互联网的光纤电缆常常循着电报缆线的可靠路径，

携着几乎全部的洲际数据和信息，

以及超过10万亿的金融交易额，每天远渡重洋。

目前80万英里的海底电缆组成了400条商业线路，

越来越多地由谷歌和亚马逊等内容提供方建造。

冗余的电缆则用来传输更多的数据，并作为断电时的保险措施。

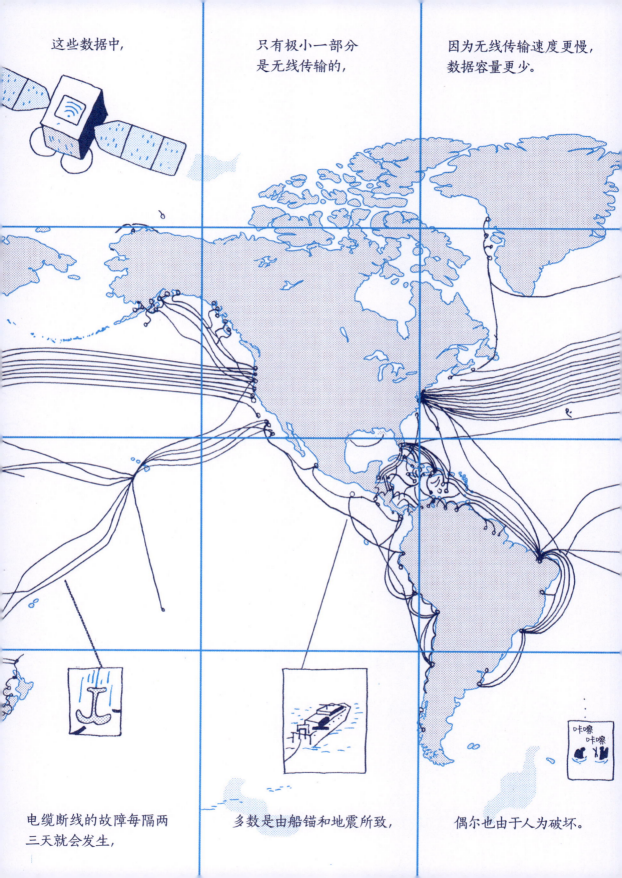

这些数据中，

只有极小一部分
是无线传输的，

因为无线传输速度更慢，
数据容量更少。

咔嚓
咔嚓

电缆断线的故障每隔两
三天就会发生，

多数是由船锚和地震所致，

偶尔也由于人为破坏。

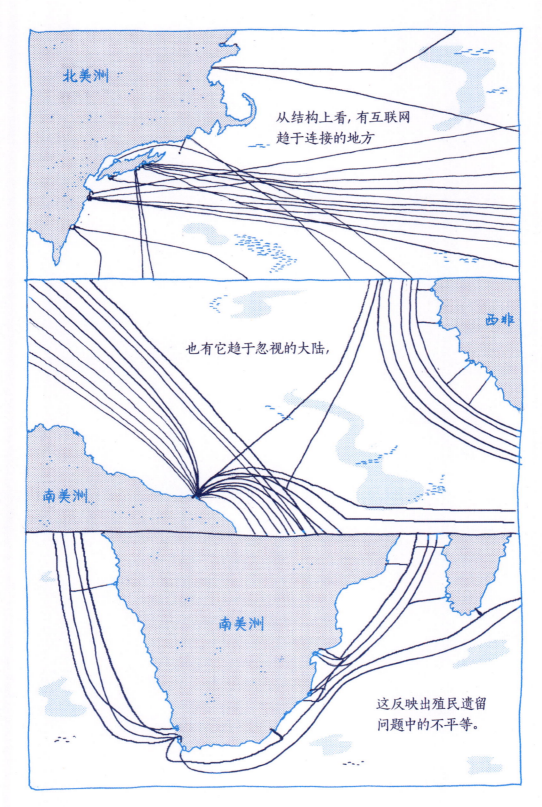

从结构上看，有互联网
趋于连接的地方

也有它趋于忽视的大陆，

这反映出殖民遗留
问题中的不平等。

北美洲

西非

南美洲

南美洲

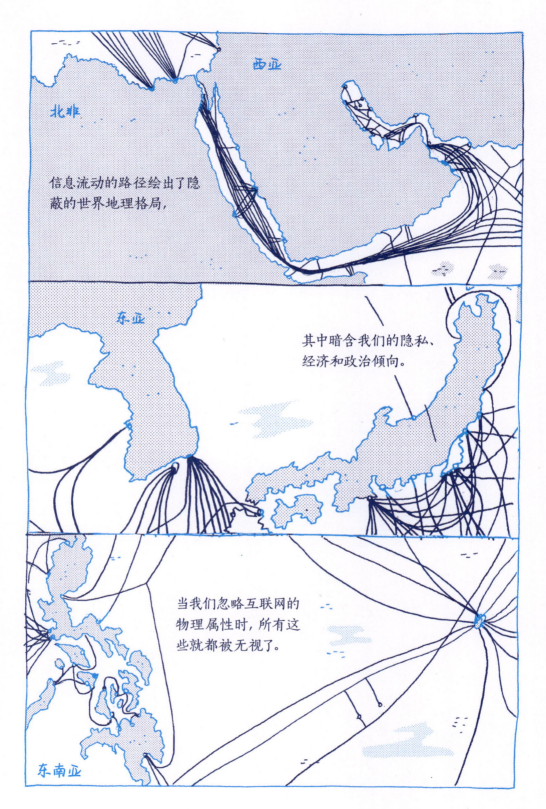

信息流动的路径绘出了隐蔽的世界地理格局，

其中暗含我们的隐私、经济和政治倾向。

当我们忽略互联网的物理属性时，所有这些就都被无视了。

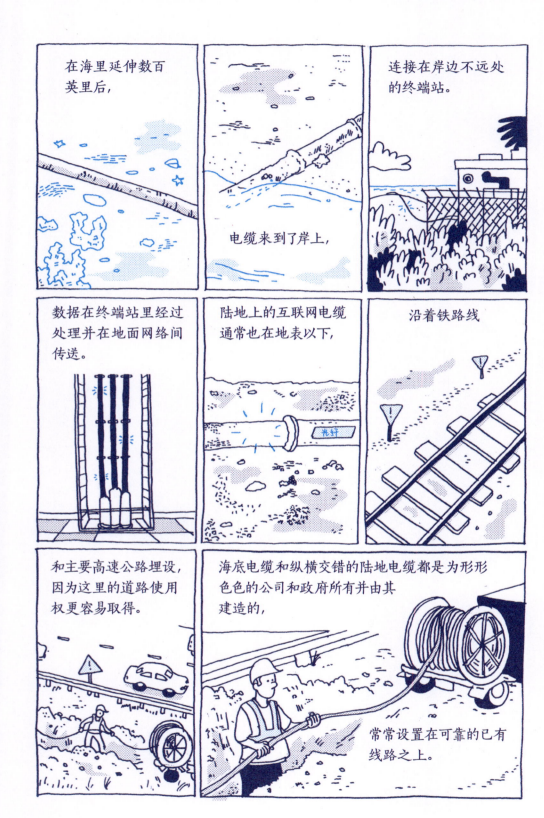

在海里延伸数百英里后，

电缆来到了岸上，

连接在岸边不远处的终端站。

数据在终端站里经过处理并在地面网络间传送。

陆地上的互联网电缆通常也在地表以下，

沿着铁路线

和主要高速公路埋设，因为这里的道路使用权更容易取得。

海底电缆和纵横交错的陆地电缆都是为形形色色的公司和政府所有并由其建造的，

常常设置在可靠的已有线路之上。

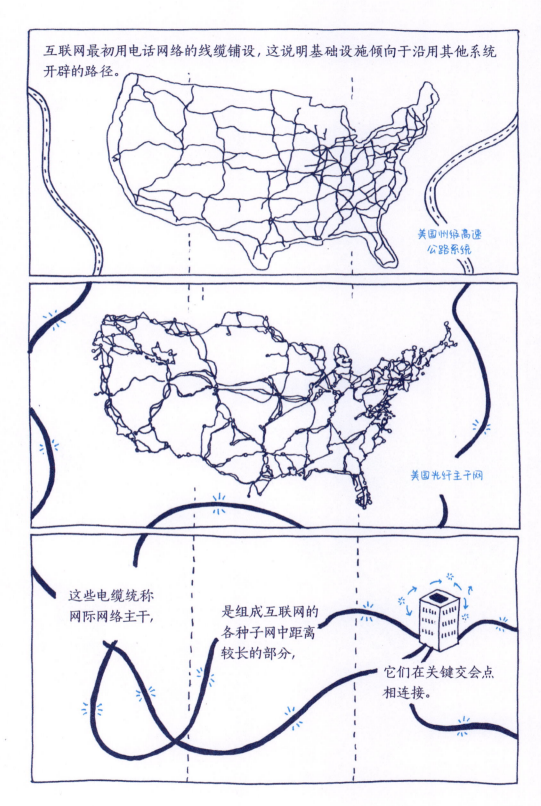

互联网最初用电话网络的线缆铺设，这说明基础设施倾向于沿用其他系统开辟的路径。

美国州级高速公路系统

美国光纤主干网

这些电缆统称网际网络主干，

是组成互联网的各种子网中距离较长的部分，

它们在关键交会点相连接。

3. 连接

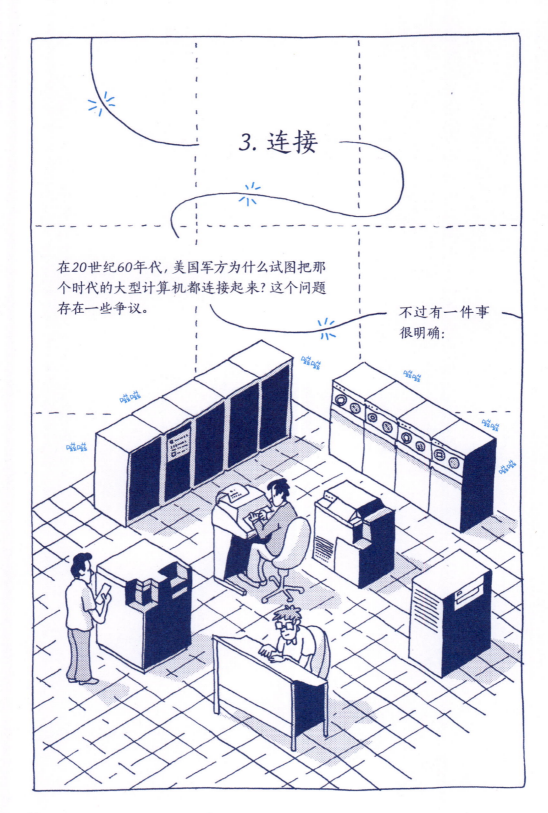

在20世纪60年代，美国军方为什么试图把那个时代的大型计算机都连接起来？这个问题存在一些争议。

不过有一件事很明确：

1969年10月29日,加州大学洛杉矶分校的师生正准备把两台房间那么大的计算机相互连接,

此时他们对于即将促成的发明还一无所知。

实验室正在为美国军方的高级研究计划局[2]开发一个实验性的计算机网络。

U.S. GOVERNMENT PROPERTY
DAHC-0179-13-

他们使用了新的数据传输理论,

分组交换

以及一台极具未来风格的机器IMP[3](一种早期路由器,当时被称为网关),

希望通过电话网络将相隔几英里的两台计算机连接起来。

美国

他们成功了,

但在尝试输入"登录"(LOGIN)指令时内存过载,导致系统崩溃。

第一条通过互联网发出的信息是"LO"。

阿帕网只在军方和接受高级研究计划局资助的大学之间设有节点。

这些机构的研究人员帮助编写了这一早期网络的开放协议。

电子邮件（这个一时兴起的发明意外地大获成功）到今天也基本没有变化。

像IBM和施乐这样的公司看出了把计算机互连的用处，

于是和NASA等机构合作打造了自己的独立网络——

但由于缺少一套通用的网络语言，它们之间无法交流。

1983年，一个名为TCP/IP[6]的协议簇诞生，为数据的传输、路由和接收建立了统一的标准，

让分散的独立网络得以互相连接，

形成了早期互联网的形态。

在20世纪80年代，互联网的用途还很基础——文件传输、电子邮件、聊天室，

然而在1991年，万维网出现了，

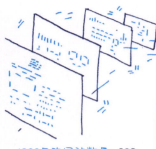

1993年的网站数量：623

Mosaic和Netscape等早期的可视化浏览器创造了新的联网需求。

1994年：10,022

当时，美国国家科学基金会负责管理互联网的主干网络，

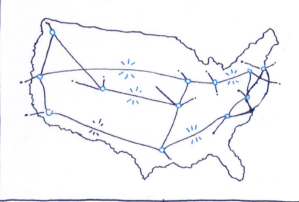

仅限教育用途！

不允许商业流量在国家网络中通行。

一些早期的互联网提供商开始自己铺设光纤电缆，

但是为了在彼此隔绝的网络之间交换商业流量，

他们需要在某个地方把光缆物理地连接起来。

在交换点，不同的网络可以直接互连，方便用户访问更广阔的互联网和万维网。

最早的交换点之一是MAE-East，设在弗吉尼亚州泰森斯科纳一座办公楼的5层，

这里集中了一些技术和国防公司。

美国国家科学基金会急于让互联网私有化，于是赞助MAE-East成为通往"信息高速公路"的四条国家级"入径"之一。

交换点变得像互联网的中心环岛。

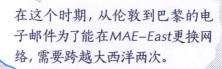

在这个时期，从伦敦到巴黎的电子邮件为了能在MAE-East更换网络，需要跨越大西洋两次。

互联网的发展速度大大超过了交换点的承载能力——有的交换点甚至一度设在一个地下车库里。

在这个20世纪90年代中期的停车库里，

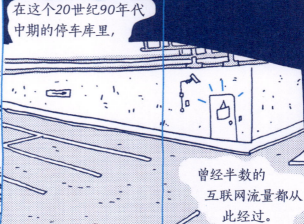

曾经半数的互联网流量都从此经过。

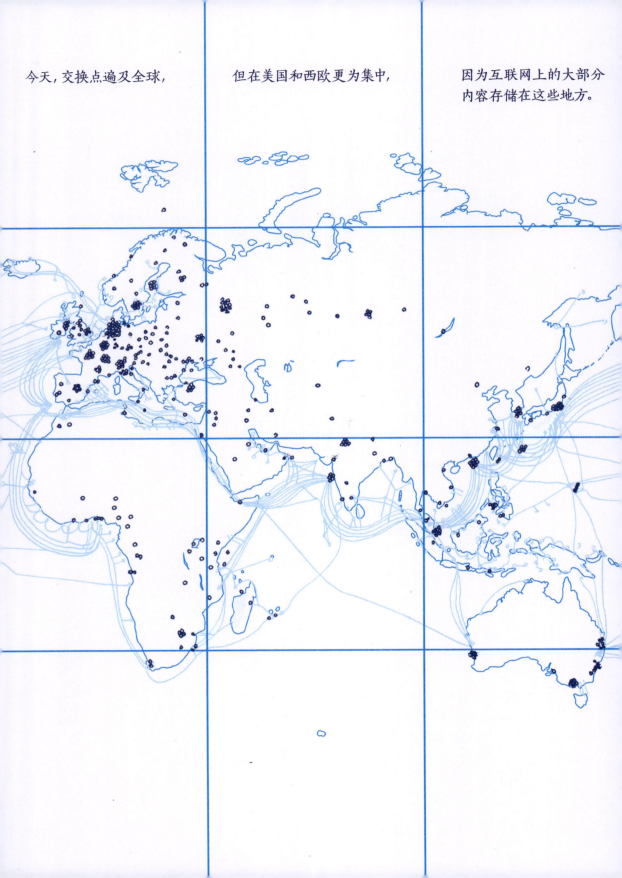

今天，交换点遍及全球，　　　　但在美国和西欧更为集中，　　　　因为互联网上的大部分内容存储在这些地方。

交换点好比互联网的
"十字路口"，

它们不均衡的布局体现
了互联网内在的地域性
不平等，

破除了互联网在世
界各地均匀分布和
去中心化的神话。

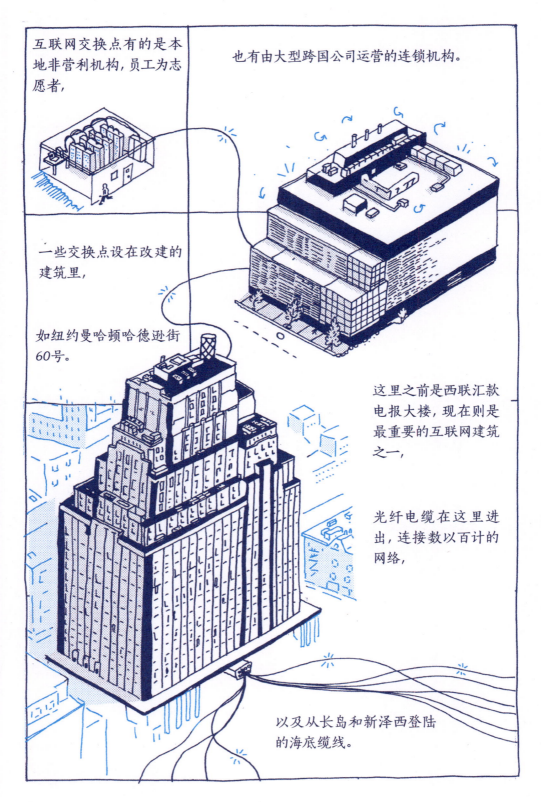

互联网交换点有的是本地非营利机构，员工为志愿者，

也有由大型跨国公司运营的连锁机构。

一些交换点设在改建的建筑里，

如纽约曼哈顿哈德逊街60号。

这里之前是西联汇款电报大楼，现在则是最重要的互联网建筑之一，

光纤电缆在这里进出，连接数以百计的网络，

以及从长岛和新泽西登陆的海底缆线。

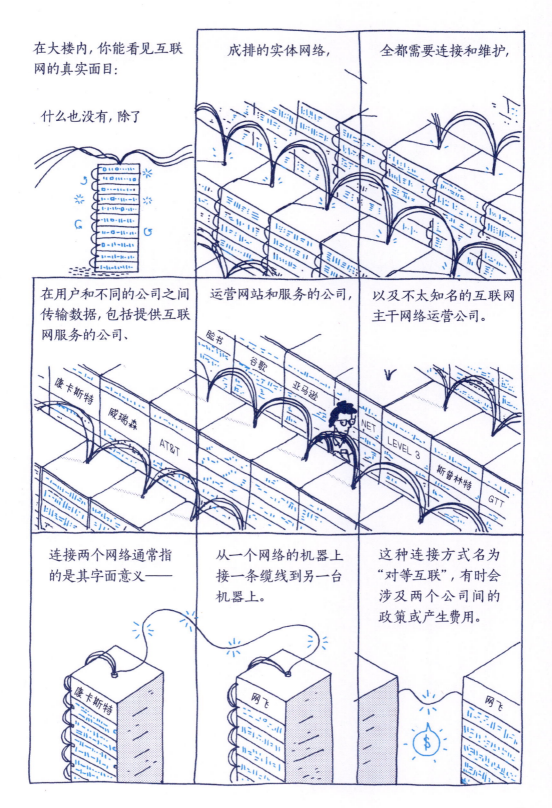

在大楼内，你能看见互联网的真实面目：

什么也没有，除了

成排的实体网络，

全都需要连接和维护，

在用户和不同的公司之间传输数据，包括提供互联网服务的公司、

运营网站和服务的公司，

以及不太知名的互联网主干网络运营公司。

连接两个网络通常指的是其字面意义——

从一个网络的机器上接一条缆线到另一台机器上。

这种连接方式名为"对等互联"，有时会涉及两个公司间的政策或产生费用。

在地区层面，也有一部分网络

威瑞森，马萨诸塞州波士顿市

由网络公司来运营，

世纪互联，科罗拉多州帕戈萨斯普林斯市

在美国的大多数城市和村镇间传输每日流量。

AT&T，加利福尼亚州帕姆代尔市

at&t

这些是互联网的小碎片，

威瑞森、夏威夷电信，夏威夷州毛伊岛

它们大小不一、形状各异，

闪同公司，佐治亚州杰克逊维尔市

所在的建筑之前往往是为了转接电话而建的。

联合通信，佛蒙特州怀特里弗章克申

这种秘密建筑无所不在，

边疆公司，西弗吉尼亚州亨廷顿市

主要靠其独特的低调形态来辨别，

边疆公司，康涅狄格州切希尔市

并且通常有一个小小的网络公司标识。

威瑞森

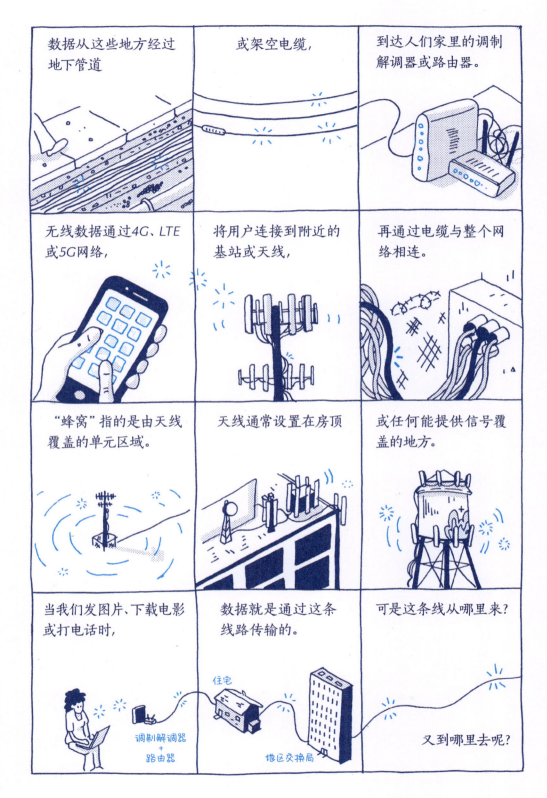

数据从这些地方经过地下管道

或架空电缆,

到达人们家里的调制解调器或路由器。

无线数据通过4G、LTE或5G网络,

将用户连接到附近的基站或天线,

再通过电缆与整个网络相连。

"蜂窝"指的是由天线覆盖的单元区域。

天线通常设置在房顶

或任何能提供信号覆盖的地方。

当我们发图片、下载电影或打电话时,

数据就是通过这条线路传输的。

可是这条线从哪里来?

调制解调器+路由器

住宅

地区交换局

又到哪里去呢?

4. 计算机

在21世纪头十年的中期，"云"成为一个流行的概念，

不过其实它由来已久。

将互联网称为"云"的历史至少和阿帕网的历史一样悠久。

阿帕网工程师绘制出无定形的云状图来抽象地表示网络的地理分布。

1977年网络图

阿帕网

而在实践中，云计算背后原则的确立甚至早于阿帕网。

46

20世纪60年代，那些如房间一样庞大的计算机昂贵且低效，仅能供一名用户使用。

而一种叫作"分时"的处理方案可以让多人同时使用一台计算机，

却让用户产生一种独占的错觉。

随着个人计算机在20世纪八九十年代变得更便宜，

分享计算机资源的概念也变得不那么重要了。

人人都可以用自己的电脑运行自己的程序，存储自己的数据。

从21世纪头十年的中期起，我们使用计算机的方式再度改变，

我们把自己做的东西、拥有的数据，大部分都移到了"云"上。

现在我们每天使用的计算机可不是房间那么大了……

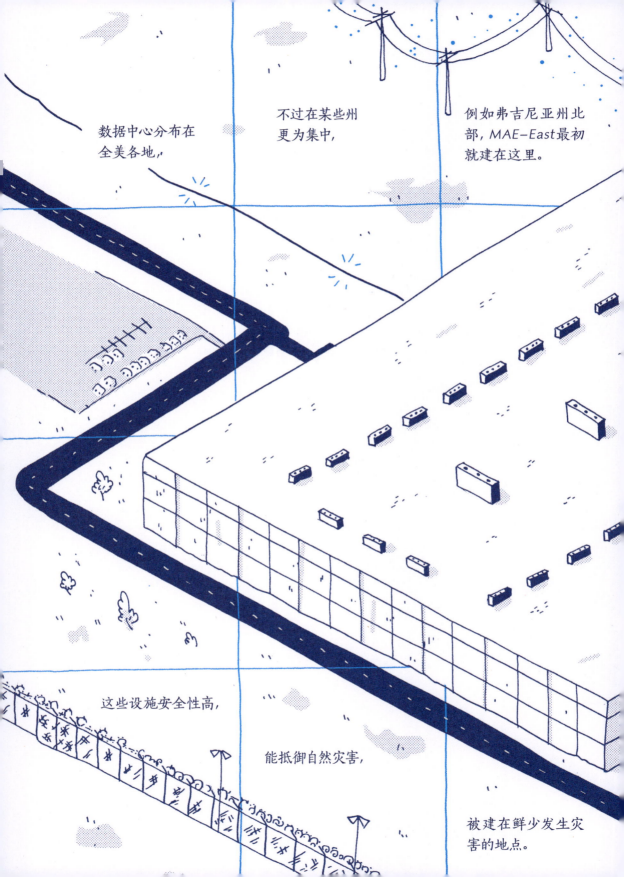

数据中心分布在全美各地，

不过在某些州更为集中，

例如弗吉尼亚州北部，MAE-East最初就建在这里。

这些设施安全性高，

能抵御自然灾害，

被建在鲜少发生灾害的地点。

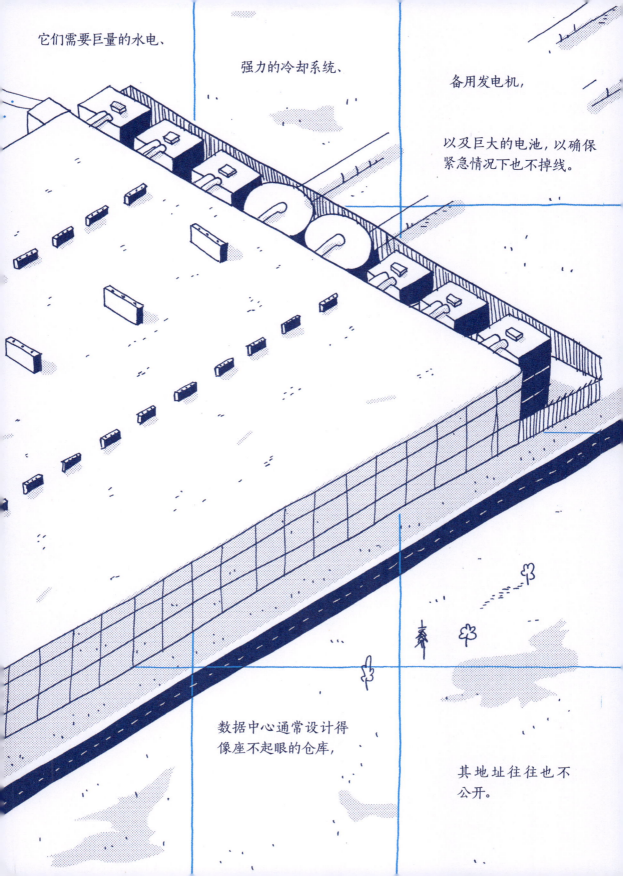

它们需要巨量的水电、

强力的冷却系统、

备用发电机,

以及巨大的电池,以确保紧急情况下也不掉线。

数据中心通常设计得像座不起眼的仓库,

其地址往往也不公开。

在数据中心内部，一排排的服务器和计算机处理、存储着互联网上的全部数据。

对智能手机下语音指令、

每当你发照片、

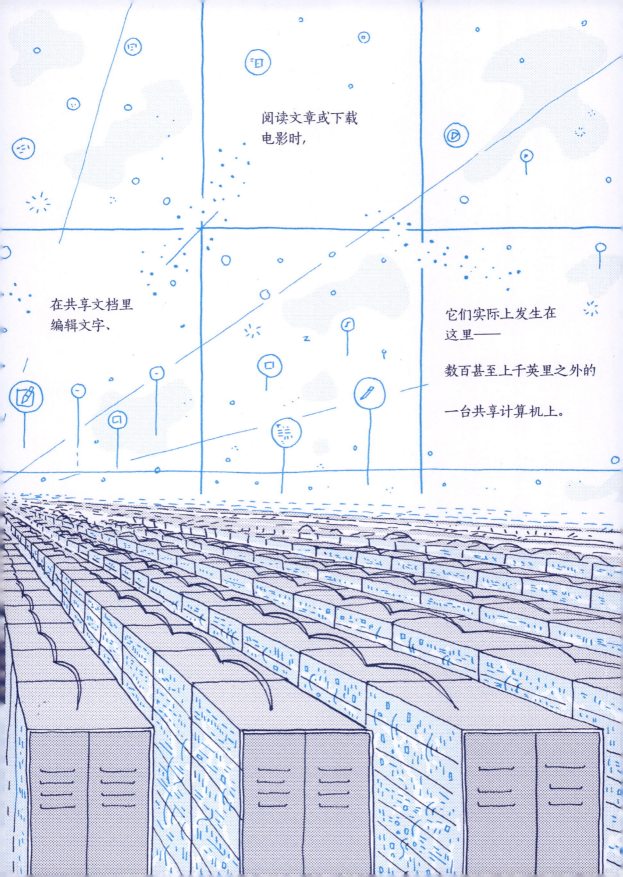

阅读文章或下载电影时，

在共享文档里编辑文字、

它们实际上发生在这里——

数百甚至上千英里之外的

一台共享计算机上。

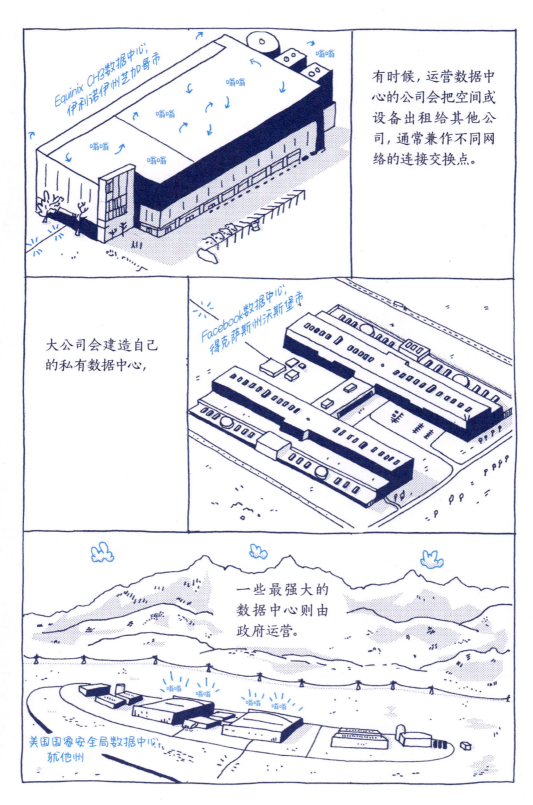

有时候，运营数据中心的公司会把空间或设备出租给其他公司，通常兼作不同网络的连接交换点。

大公司会建造自己的私有数据中心，

一些最强大的数据中心则由政府运营。

不过更重要的是，数据中心不仅仅被动地存储数据，

它们同时也是超级计算机，

运行着社交媒体网站和地图等应用程序，能同时为数百万用户提供搜索服务。

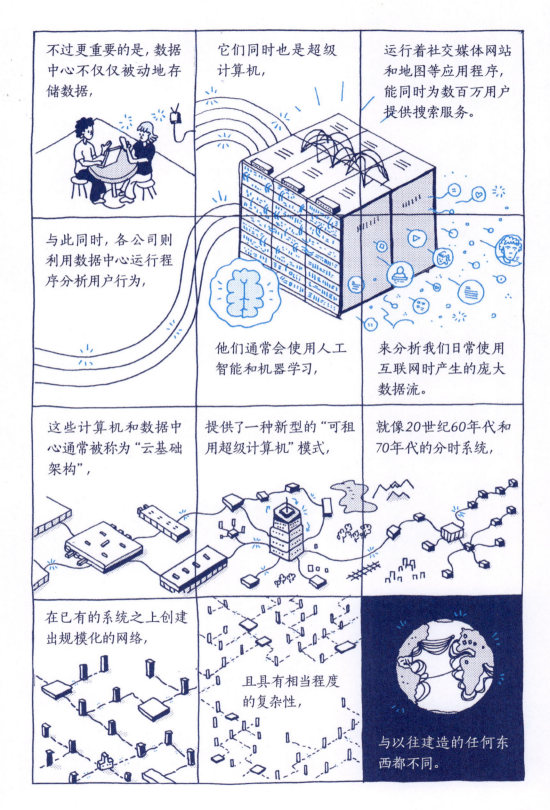

与此同时，各公司则利用数据中心运行程序分析用户行为，

他们通常会使用人工智能和机器学习，

来分析我们日常使用互联网时产生的庞大数据流。

这些计算机和数据中心通常被称为"云基础架构"，

提供了一种新型的"可租用超级计算机"模式，

就像20世纪60年代和70年代的分时系统，

在已有的系统之上创建出规模化的网络，

且具有相当程度的复杂性，

与以往建造的任何东西都不同。

5. 总结

互联网虽然看上去相当抽象，

实际上却出奇地具象，

并且由不同的模块组合而成。

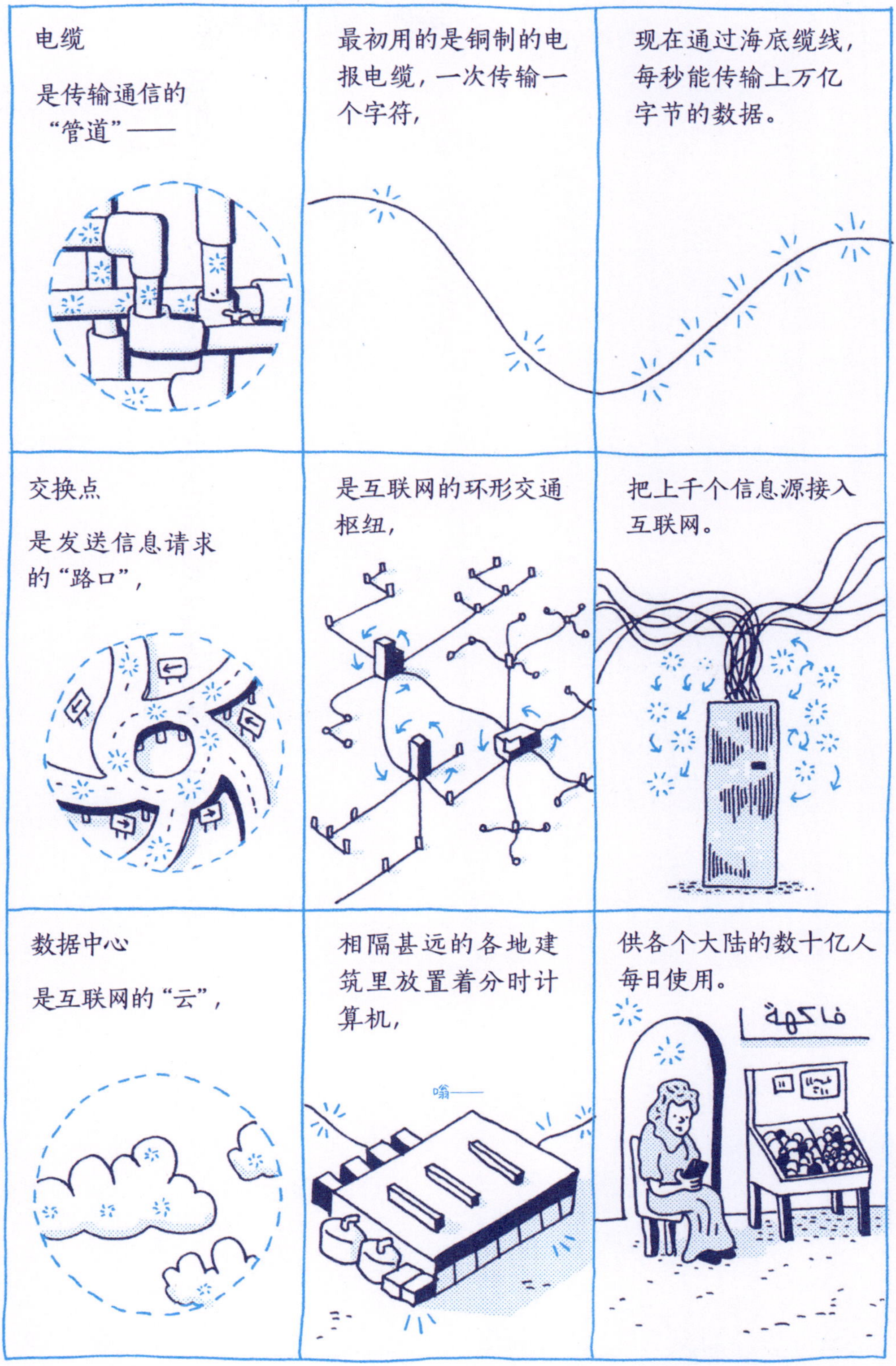

電缆

是传输通信的
"管道"——

最初用的是铜制的电
报电缆，一次传输一
个字符，

现在通过海底缆线，
每秒能传输上万亿
字节的数据。

交换点

是发送信息请求
的"路口"，

是互联网的环形交通
枢纽，

把上千个信息源接入
互联网。

数据中心

是互联网的"云"，

相隔甚远的各地建
筑里放置着分时计
算机，

供各个大陆的数十亿人
每日使用。

随着各个公司建造的交换站和数据中心越来越多，

互联网也在向外扩张，

通过布设光纤和天线，

并试验使用热气球、

太阳能无人机，

以及卫星，来连接偏远地区，

也许未来某天，一个星际互联网将被建成。

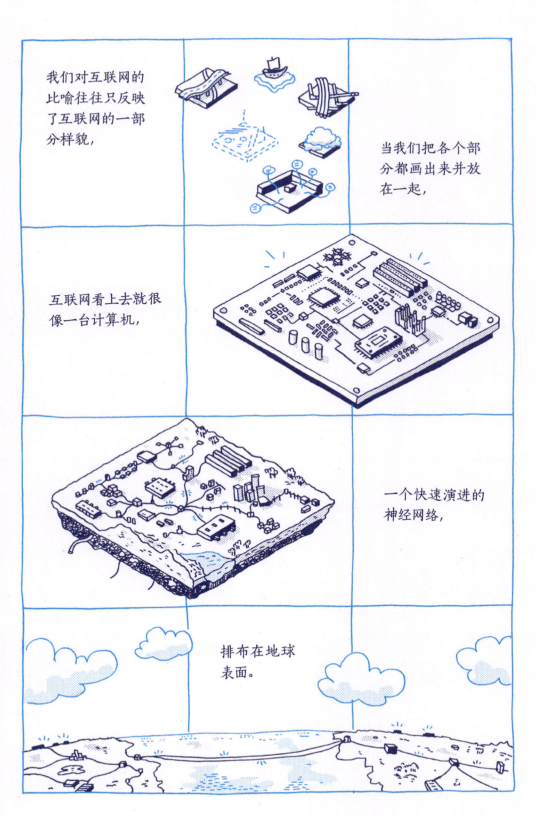

我们对互联网的比喻往往只反映了互联网的一部分样貌，

当我们把各个部分都画出来并放在一起，

互联网看上去就很像一台计算机，

一个快速演进的神经网络，

排布在地球表面。

我听见的最远的雷声

比天空近

而且隆隆依旧，尽管灼热的正午

已把它们的飞弹储存——

雷鸣前的闪电

仅仅击中了我自己——

但我不肯用霹雳

换取生命的其余东西——

欠了氧气的债

快乐的人可以偿清

但没有欠

电的情——

它建立家园，装扮白天

而每一次明亮的喧阗

只不过是令人眼花缭乱的

光的相伴的闪现——

思想静如雪片——

一声喑哑的霹雳

生命的共鸣

如何找到它的解释——

——艾米莉·狄金森[12]

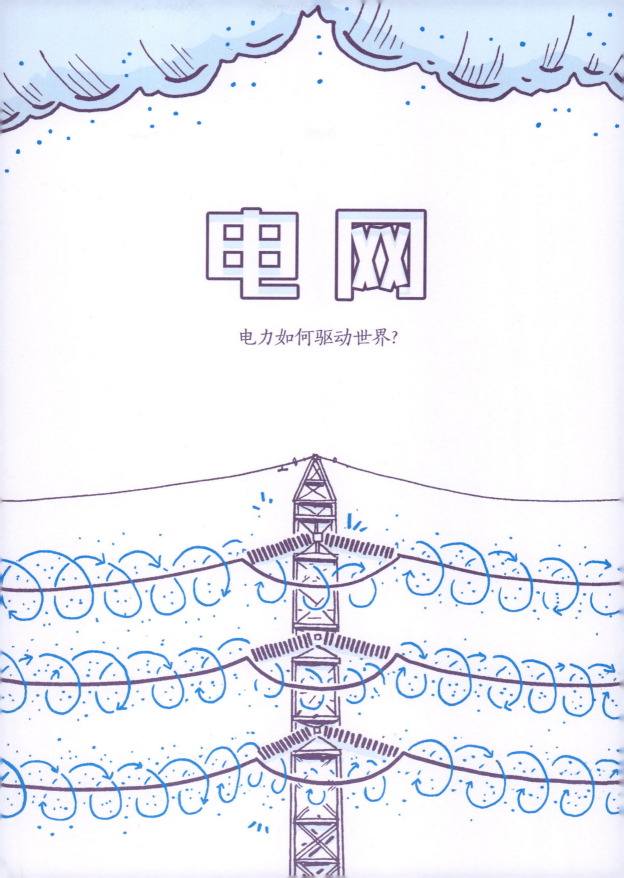

电网

电力如何驱动世界?

电是某种我们平时
不太考虑的东西，

除非我们失去了它。

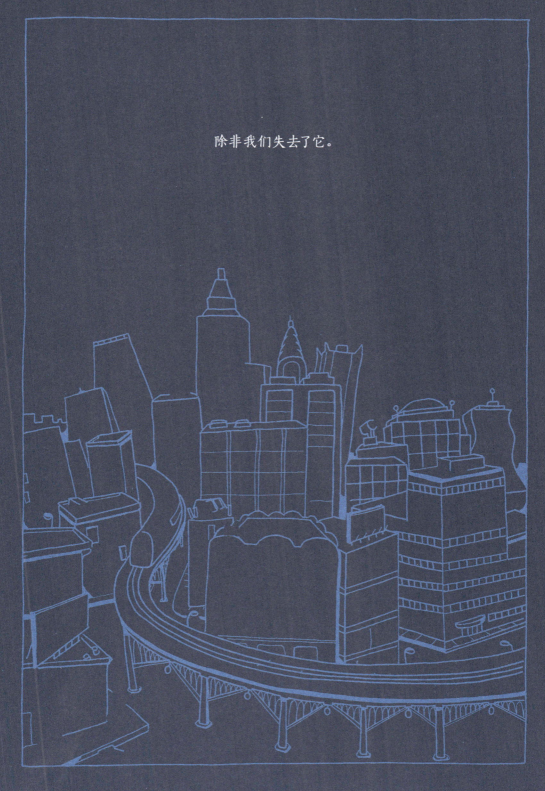

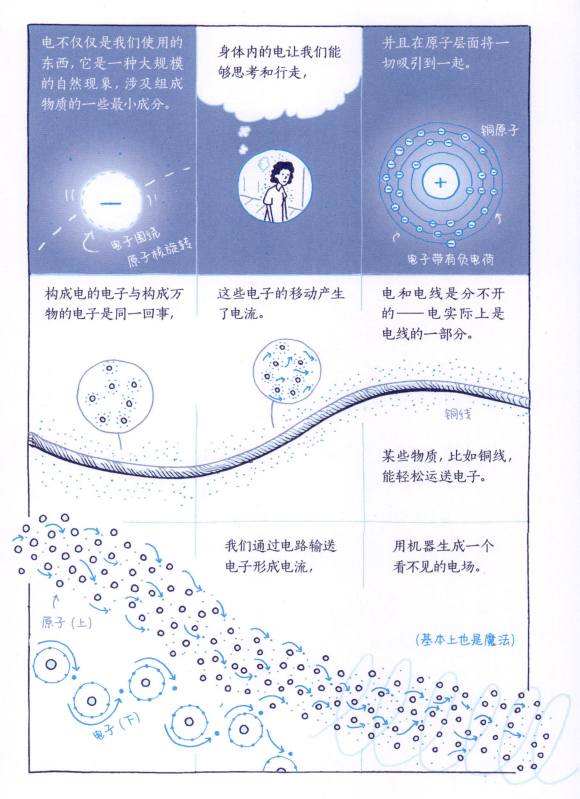

电不仅仅是我们使用的东西，它是一种大规模的自然现象，涉及组成物质的一些最小成分。

身体内的电让我们能够思考和行走，

并且在原子层面将一切吸引到一起。

电子围绕原子核旋转

铜原子

电子带有负电荷

构成电的电子与构成万物的电子是同一回事，

这些电子的移动产生了电流。

电和电线是分不开的——电实际上是电线的一部分。

铜线

某些物质，比如铜线，能轻松运送电子。

原子（上）

电子（下）

我们通过电路输送电子形成电流，

用机器生成一个看不见的电场。

(基本上也是魔法)

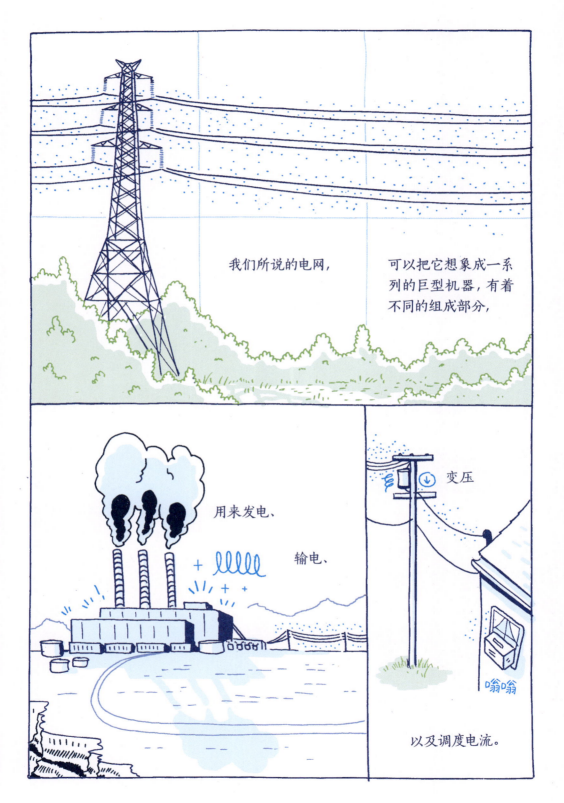

我们所说的电网，

可以把它想象成一系列的巨型机器，有着不同的组成部分，

用来发电、

输电、

变压

以及调度电流。

嗡嗡

虽然今天我们对此习以为常，

但其实，这套给世界如此之多的地方供能的系统，

直到100多年前都还不存在。

这套系统被一点一点地想象、

发明出来，

架设安装，

所花费的时间超过100年。

1890 1900 1910 1920 1930 1940 1950 1960 1970 1980 1990 2000 2010 2020 2030

我们虽然随时都能看
见它的局部，

但很难想象它整体看
上去是什么样——

也很难反思如何将它
重新想象。

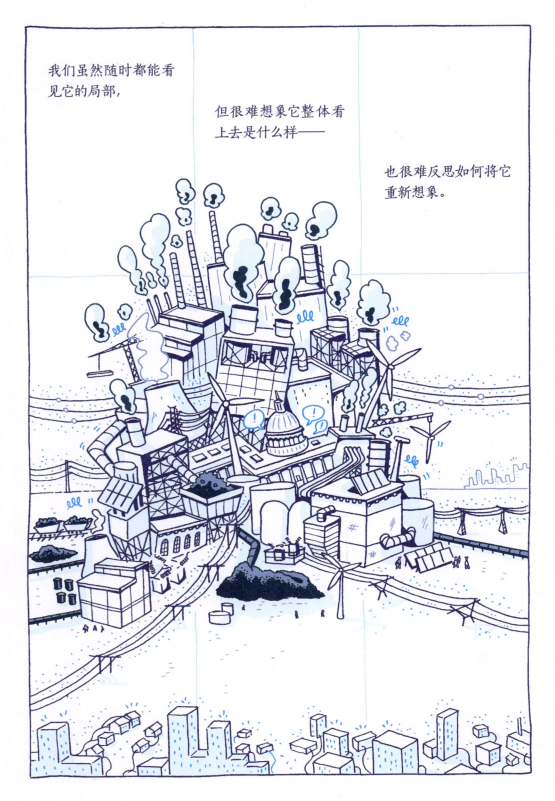

100年后，我们生产和使用能源的方式必须改变。

我们的系统正在对气候造成灾难性的改变，

威胁着地球上的全部人口，颠覆着最脆弱人群的生活。

在气候变化的时代，

我们会讨论"100%可再生能源"和"绿色电网"，

却不太谈论现有的系统，以及以上举措具体要如何实施。

为了能真正重新想象电网，

我们需要理解现有的系统，

以及它从何而来。

1. 实验和发明

到了19世纪70年代末，和其他许多人一样，托马斯·爱迪生尝试制作一种能持续发光30秒以上而不会烧坏的灯泡。

爱迪生是个自命不凡的青年，发明的留声机取得成功之后，

他把目标设定为"每10天一个小发明""每6个月左右一个大发明"。

辍学

有听力障碍

啪

美国第一个商业化的研究室

借助其他人的专业知识和反复的试验，

他和团队通宵鼓捣发明。

他们为灯泡尝试了几千种设计和材料，

从世界各地的工厂订购材料，寻找通电时能发光的东西，

最终选定了炭化棉线。

能发出柔和的橙光

然而灯泡只是一个开始。

爱迪生知道，还需要有一整套的系统

来发电、传输并计量电灯所需的电能。

他和团队发明的可不仅仅是灯泡……

爱迪生的公司建造了第一个商业电网，

通过一个中心电站，能在曼哈顿下城1英里范围内点亮数千个灯泡，

策略性地为大银行和《纽约时报》等主流报纸提供服务。

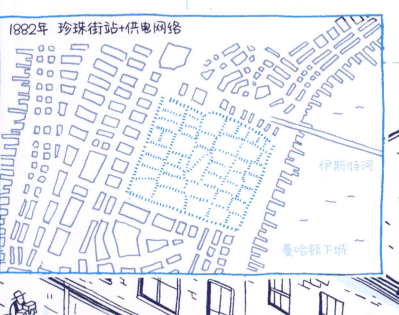

1882年　珍珠街站+供电网络

伊斯特河

曼哈顿下城

他们还得想办法用并联电路在城市里输送电能。

爱迪生的工人们开凿了14英里的城市街道，把8万英尺[18]的铜线埋设在地下，

因为公众普遍对这种新能源的安全性感到忧虑。

电流由爱迪生设计的6台大型发电机产生,

发电机则由马车持续装载运输煤炭来驱动。

(当时仍有超过15万匹马为纽约的交通提供动力。)

噢……

魔法!

爱迪生的公司设计、制造并销售与电灯有关的全套配件,

还将这套系统行销全美和世界其他国家。

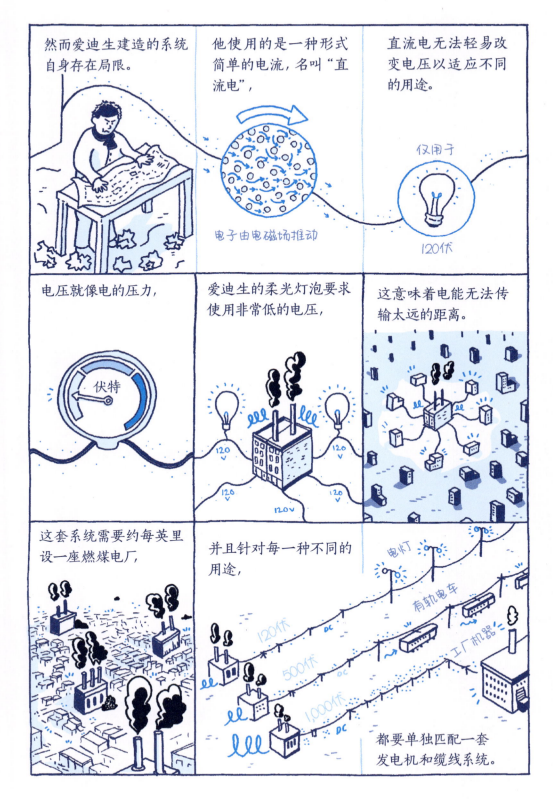

然而爱迪生建造的系统自身存在局限。

他使用的是一种形式简单的电流，名叫"直流电"，

电子由电磁场推动

直流电无法轻易改变电压以适应不同的用途。

仅用于

120伏

电压就像电的压力，

伏特

爱迪生的柔光灯泡要求使用非常低的电压，

120v 120v 120v 120v 120v

这意味着电能无法传输太远的距离。

这套系统需要约每英里设一座燃煤电厂，

并且针对每一种不同的用途，

电灯

有轨电车

工厂机器

120伏 DC

500伏 DC

1,000伏 DC

都要单独匹配一套发电机和缆线系统。

在这个时期，欧洲各地的科学家纷纷尝试改进方案。

有了交流电，导线里的电子每秒会多次改变运动方向，

也更容易被转换成更高或更低的电压。

其中的关键环节是变压器，

它通过一系列匝数不同的线圈输送电流，

从而在交流电经过时改变其电压。

100伏

200伏

有不同的尺寸

大型变压器

家用变压器

有了交流电系统，

高压电可以输送到更远的地方，

然后通过变压器升高或降低电压，单一来源的电因此得以适合于不同的用途。

高压电

长距离

长距离

短距离

低压电

低压电

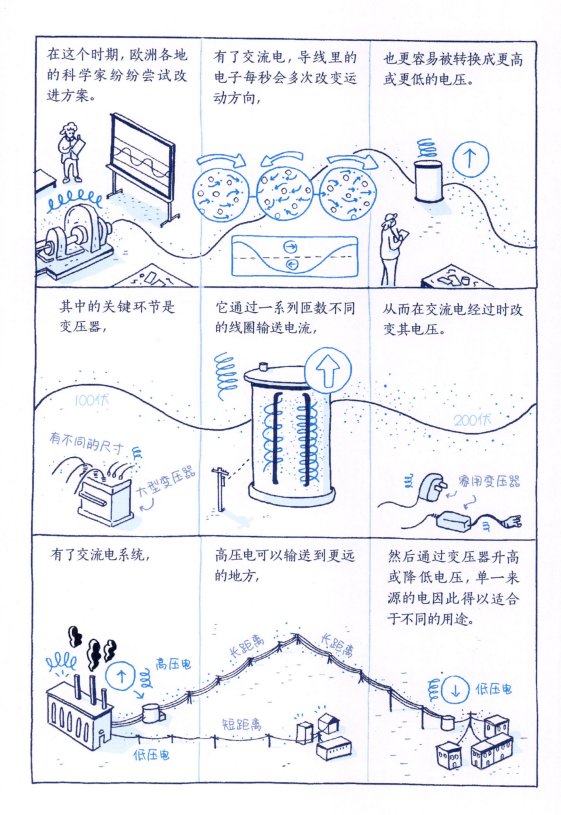

美籍塞尔维亚人尼古拉·特斯拉有着超凡的科学想象，

穿着十分考究

为人十分古怪

他从交流电中看到了改变世界的巨大潜力，

从而发明了一种振荡电流驱动转子旋转的电动机。

电能

AC

磁铁

转化为机械能

商人乔治·威斯汀豪斯（也是个发明家）

也看到了交流电的潜力，

他与特斯拉合作将其推向市场。

为曾经承担其中大部分工作的劳动者欢呼！

爱迪生不愿承认其他人开发出了一套更好的系统。

他针对交流电发起了一场臭名昭著的战争，用交流电杀死动物以展示其危险性，

甚至协助发明了第一台电刑椅，试图将交流电与死刑联系在一起。

这应该使用威斯汀豪斯的交流电。

两套系统的支持者都想出风头，他们在能影响行业的大项目上展开竞争，

噢　啊　噢

例如为1893年芝加哥世界博览会提供照明，

超过20万盏灯　超过2,700万来客

以及建造发电机以利用尼亚加拉瀑布的水力发电。

嗡嗡嗡嗡

结果证明，交流电用途更广泛，也成了当今的主流。

3000v AC
↓
240v AC

爱迪生的公司被投资者出售并改了名字，

我们准备改名叫"通用电气"。

J.P. 摩根

好吧，奇怪的名字。

爱迪生则转向了其他领域，包括尝试垄断一个新兴的行业。

灯光……摄影机……

特斯拉回到了他最爱的事业——发明。

他努力打造理想中的全球无线电和信息网络，

从未完成

然而在20世纪初期，这个概念未获得多少投资。

2. 建造电网：传输

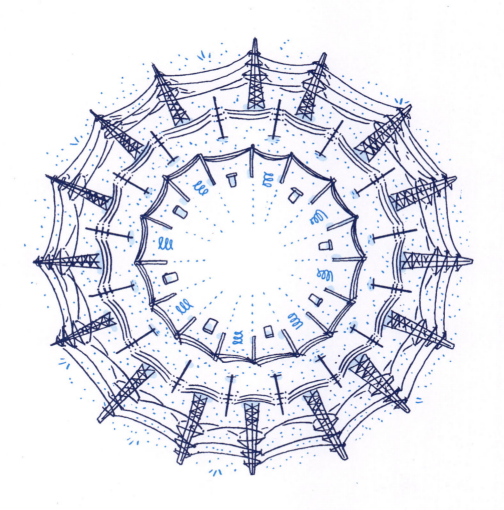

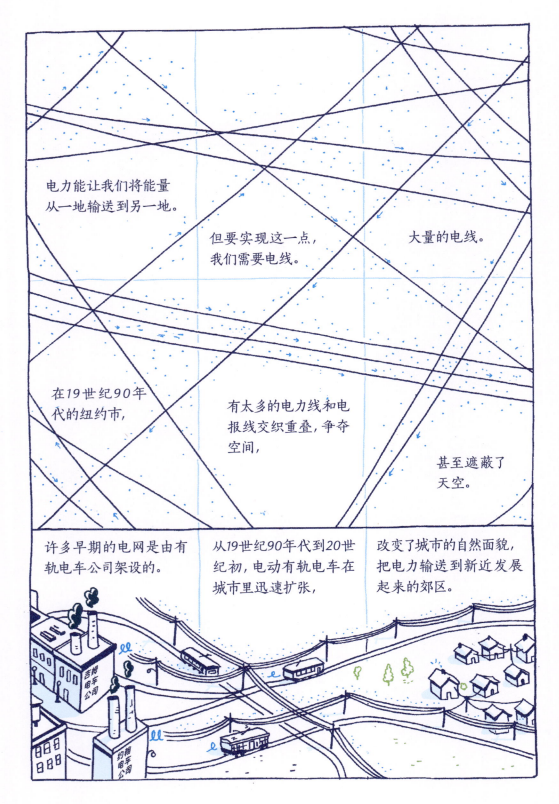

电力能让我们将能量
从一地输送到另一地。

但要实现这一点,
我们需要电线。

大量的电线。

在19世纪90年
代的纽约市,

有太多的电力线和电
报线交织重叠,争夺
空间,

甚至遮蔽了
天空。

许多早期的电网是由有
轨电车公司架设的。

从19世纪90年代到20世
纪初,电动有轨电车在
城市里迅速扩张,

改变了城市的自然面貌,
把电力输送到新近发展
起来的郊区。

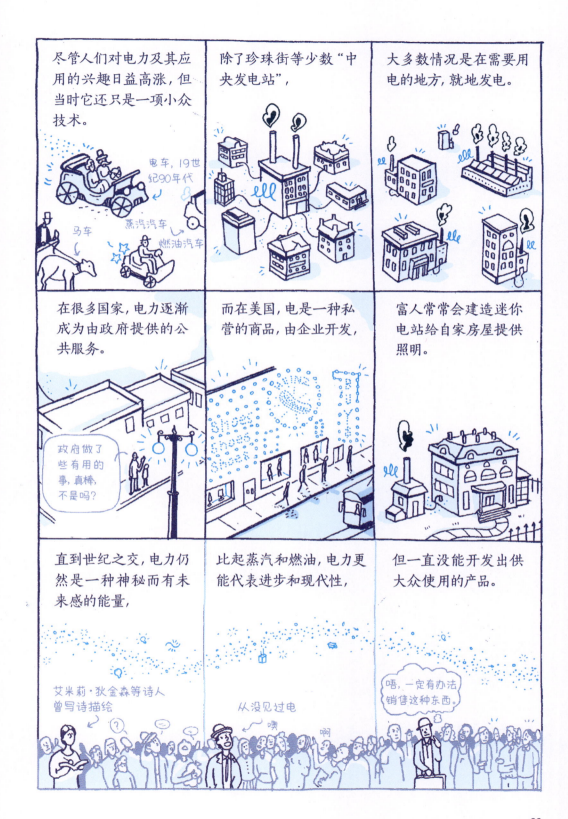

尽管人们对电力及其应用的兴趣日益高涨，但当时它还只是一项小众技术。

电车，19世纪90年代

马车

蒸汽汽车

燃油汽车

除了珍珠街等少数"中央发电站"，

大多数情况是在需要用电的地方，就地发电。

在很多国家，电力逐渐成为由政府提供的公共服务。

政府做了些有用的事，真棒，不是吗？

而在美国，电是一种私营的商品，由企业开发，

富人常常会建造迷你电站给自家房屋提供照明。

直到世纪之交，电力仍然是一种神秘而有未来感的能量，

艾米莉·狄金森等诗人曾写诗描绘

比起蒸汽和燃油，电力更能代表进步和现代性，

从没见过电

但一直没能开发出供大众使用的产品。

唔，一定有办法销售这种东西。

有一个人确实看到了电的商业潜力，他就是萨缪尔·因萨尔。

在爱迪生小小的芝加哥分公司里，他断定，如果能把电力销售给更多的客户，

供电的成本就会降低，

把"规模经济"的概念应用到了能源上。

因萨尔建造了巨型发电机，

以低廉的价格售电，

并说服其他公司购买他的电，而不是自行发电。

由于不同的客户在一天里需要用电的时段不同，他的发电站需要夜以继日地运转。

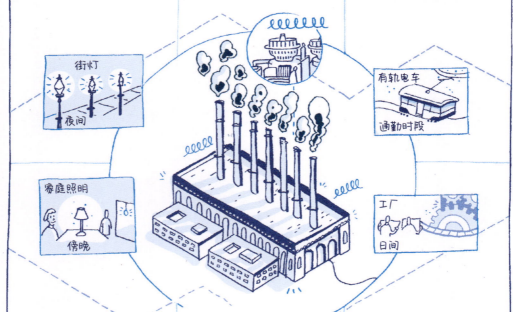

因萨尔买下了其他竞争者的电站，

通过游说，让电力生产成为一种接受监管的垄断，称之为公共设施。

因萨尔接受了政府规定的电价，作为交换，他获得了在该领域没有竞争的保证。

20世纪初是劳动者争夺权利的年代，他们围绕着基础服务应该由政府提供还是私人运营也展开了斗争。

私营电力企业与地方政府进行权力斗争，游说州政府同意划分领地，

以便企业在自己的地盘上完全掌控电力市场。

华尔街成立了一系列复杂的控股公司买下这些私营发电站，

将电网标准化，因此利润都流进了那个时代最富有的商人的兜里。

到了20世纪20年代末，美国的电力市场格局已由几千个独立发电商演变为

由10家公司控制着全美75%的企业。

因萨尔的财富由1927年的500万美元激增至1929年的1.5亿美元。

然而随着当年的股票市场崩溃（部分源于电力股票的崩溃），他的控股公司帝国也土崩瓦解了。

因萨尔被指控引发了大萧条，他逃往欧洲……

但最终被捕并遣返美国接受审判。

与此同时，

直到20世纪30年代，美国乡村的大部分地区依然没有通电，

因为私营电力企业声称为乡村供电成本太过高昂。

点一盏
煤油灯

20世纪初，城市和乡村的生活有着巨大的差异。

没有电力的农场生活十分艰辛，

大萧条引发的贫困使情况进一步恶化。

洗洗
刷刷
洗洗
刷刷

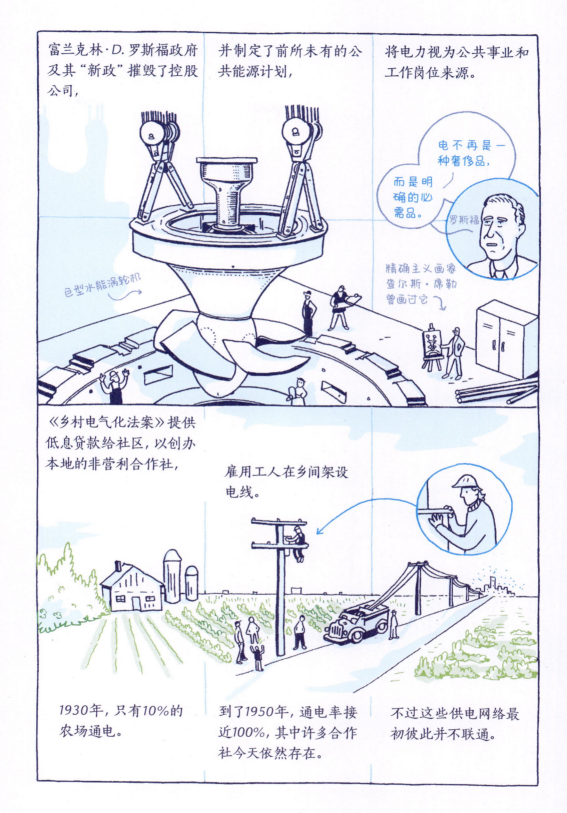

富兰克林·D.罗斯福政府及其"新政"摧毁了控股公司，

并制定了前所未有的公共能源计划，

将电力视为公共事业和工作岗位来源。

电不再是一种奢侈品，

而是明确的必需品。

罗斯福

精确主义画家查尔斯·席勒曾画过它

巨型水能涡轮机

《乡村电气化法案》提供低息贷款给社区，以创办本地的非营利合作社，

雇用工人在乡间架设电线。

1930年，只有10%的农场通电。

到了1950年，通电率接近100%，其中许多合作社今天依然存在。

不过这些供电网络最初彼此并不联通。

1939年，第二次世界大战爆发，

美国需要快速生产出几百万吨的武器和材料，

却面临着严峻的电力不足问题。

战争工业对能源的需求量之大前所未有。

约8,800艘大船

食品和必需品

约297,000架飞机

约86,000辆坦克

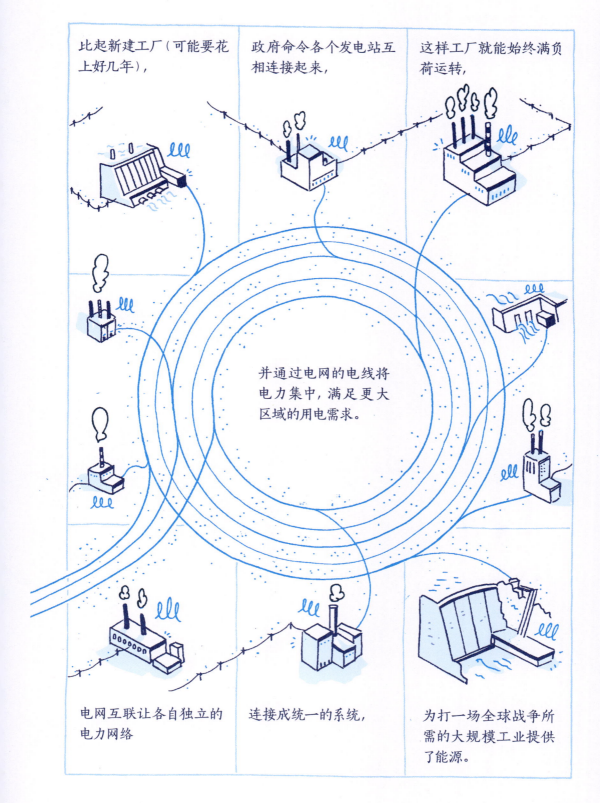

比起新建工厂（可能要花上好几年），

政府命令各个发电站互相连接起来，

这样工厂就能始终满负荷运转，

并通过电网的电线将电力集中，满足更大区域的用电需求。

电网互联让各自独立的电力网络

连接成统一的系统，

为打一场全球战争所需的大规模工业提供了能源。

从"二战"结束到20世纪50年代，工业领域继续受惠于这一财富和电力过剩的新现象，开始将电器推销到中产阶级消费市场。

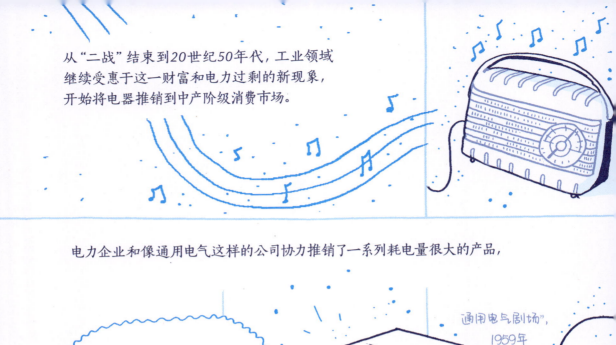

电力企业和像通用电气这样的公司协力推销了一系列耗电量很大的产品，

他们通常派销售员上门挨家挨户地教人们如何把家庭及办公用品都通上电。

到了20世纪60年代，大多数家庭都拥有一套家用电器，电器成为美国经济和文化的一种标准。

给家庭和工厂供能的电网并不是按照某种总体规划打造出来的，而是由企业和政府一点一点地拼凑起来的。

长距离电缆将能源从电力富余的地方输送到更有用电需求的地方，首先给城市供电，

在罗斯福新政期间进
一步将电输送到乡村
地区，

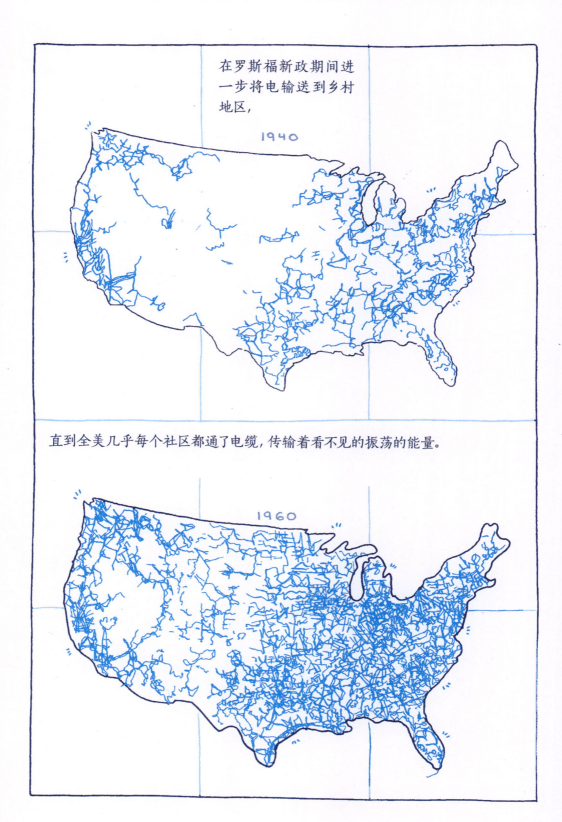

直到全美几乎每个社区都通了电缆，传输着看不见的振荡的能量。

今天，美国和加拿大共用两大电网——东部联合电网和西部联合电网。

此外还有规模较小的得克萨斯电网、魁北克电网、阿拉斯加电网和波多黎各电网，

它们均为独立运营，偶尔也会相互输送能源。

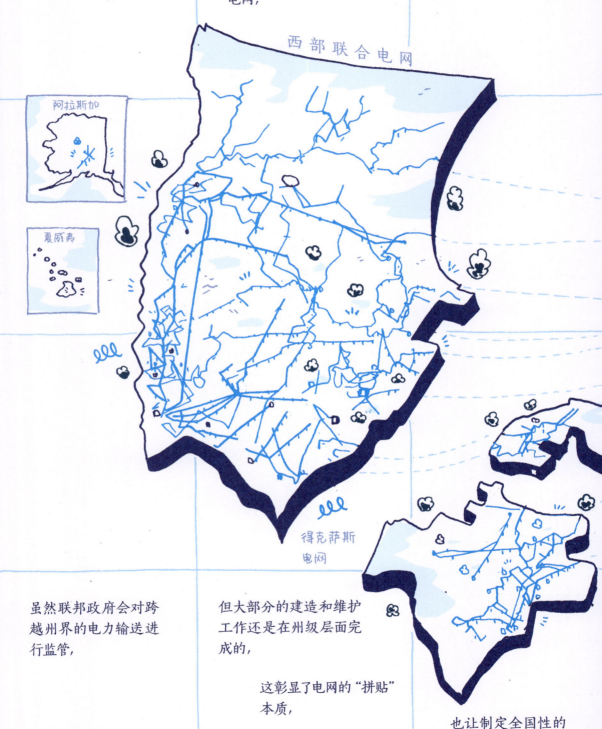

西部联合电网

阿拉斯加

夏威夷

得克萨斯电网

虽然联邦政府会对跨越州界的电力输送进行监管，

但大部分的建造和维护工作还是在州级层面完成的，

这彰显了电网的"拼贴"本质，

也让制定全国性的政策变得困难。

电在各个电网内从上到下自由地流动。

每个发电站和输电线路里的电力必须由电网技术员严格同步，

从多伦多到迈阿密，交流电统一以每秒60次的频率改变电流方向。

东部联合电网

魁北克电网

交流电频率
@ **60** 赫兹

波多黎各电网

66个区域性机构监管和运营着各地方电网，

并保证有多个来源供应充足的电力。

确保电力在其运营地区可靠地传输，

3. 给电网供能：发电和燃料

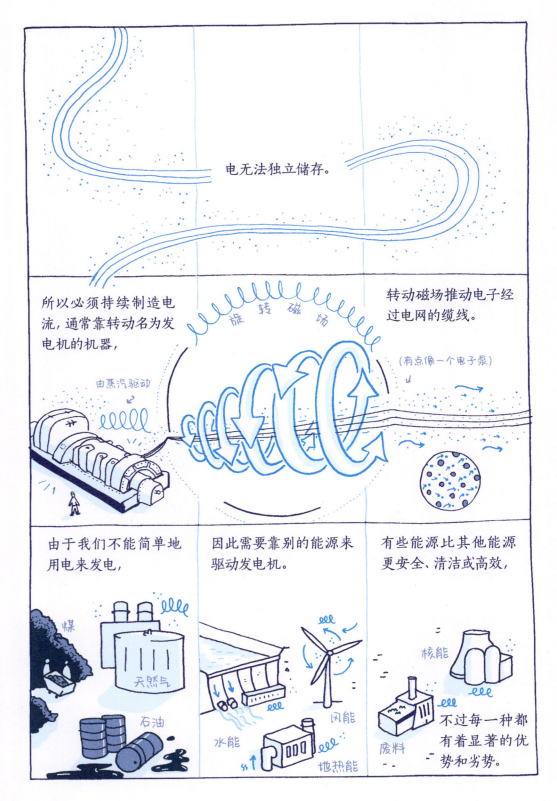

电无法独立储存。

所以必须持续制造电流，通常靠转动名为发电机的机器，

旋 转 磁 场

转动磁场推动电子经过电网的缆线。

(有点像一个电子泵)

由蒸汽驱动

由于我们不能简单地用电来发电，

煤

天然气

石油

因此需要靠别的能源来驱动发电机。

水能

风能

地热能

有些能源比其他能源更安全、清洁或高效，

核能

废料

不过每一种都有着显著的优势和劣势。

早期的发电装置通常依靠电池运转，

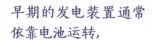

以化学方式储存电能

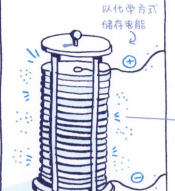

通过不同材料之间发生的化学反应来产生电流。

铜
电解质
锌

但高功率机器需要很多电池。

唔，不太理想。

在珍珠街站，爱迪生使用6台巨型发电机为数千盏电灯供电，

为了驱动这些发电机，

他使用了锅炉和蒸汽引擎，

电流

转 转 转 转

蒸汽

高温

几千磅[20]煤昼夜不停地燃烧以提供动力。

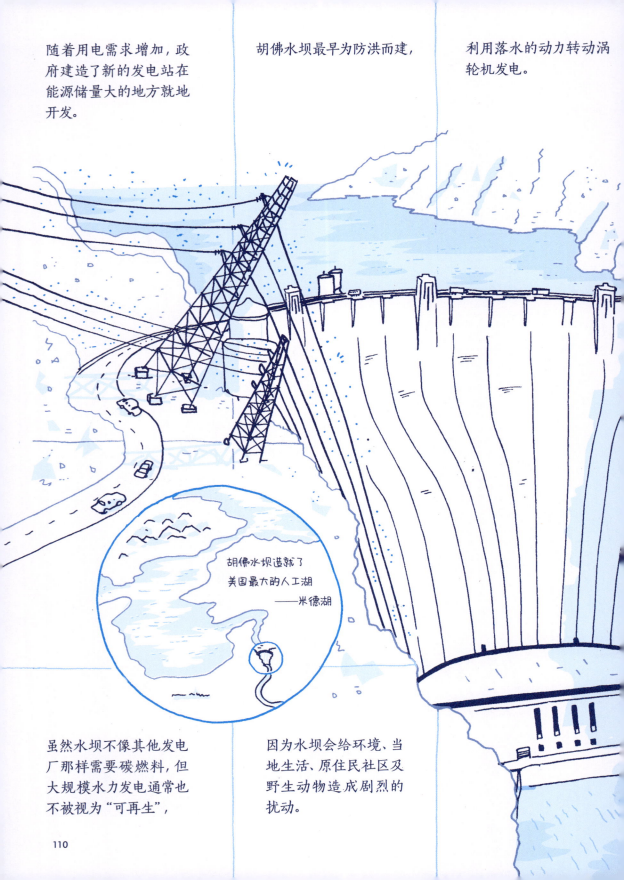

随着用电需求增加，政府建造了新的发电站在能源储量大的地方就地开发。

胡佛水坝最早为防洪而建，

利用落水的动力转动涡轮机发电。

胡佛水坝造就了美国最大的人工湖
——米德湖

虽然水坝不像其他发电厂那样需要碳燃料，但大规模水力发电通常也不被视为"可再生"，

因为水坝会给环境、当地生活、原住民社区及野生动物造成剧烈的扰动。

1936年，胡佛水坝开始为数百英里之外的洛杉矶等西南部新兴城市供电。

水流被引至大坝周围，经过涡轮机驱动发电机。

发电机
转
转
转
转

流速
83英里/小时
转
转
涡轮机
转
转
转

美国政府在20世纪中叶修建了许多大型水坝，

然而随着用电需求增加，适宜的位置也都已经建有水坝，各个发电站又回归了对化石燃料的依赖。

发电站

111

化石燃料，如煤、石油和天然气，

本质上是死去的古代植物和其他生命被埋入地下、沉积压缩后的形式，

但其中依旧保存了太阳的能量。

光合作用产生有机物

挤压

挤压

由于燃烧表现良好，人们数千年来一直在开采煤炭。

煤炭是地球上储备最充足的化石燃料，作为能源廉价而易开采。

如今，政府和企业以极大的规模榨取着煤炭资源。

锛

煤通常经由铁路运输，

露天存放，需要热量时再将其燃烧，

靠煤驱动蒸汽涡轮以产生电流。

嘭

运煤车

蒸汽用水？

粉煤

燃烧产热

产生蒸汽

转动

驱动涡轮和发电机

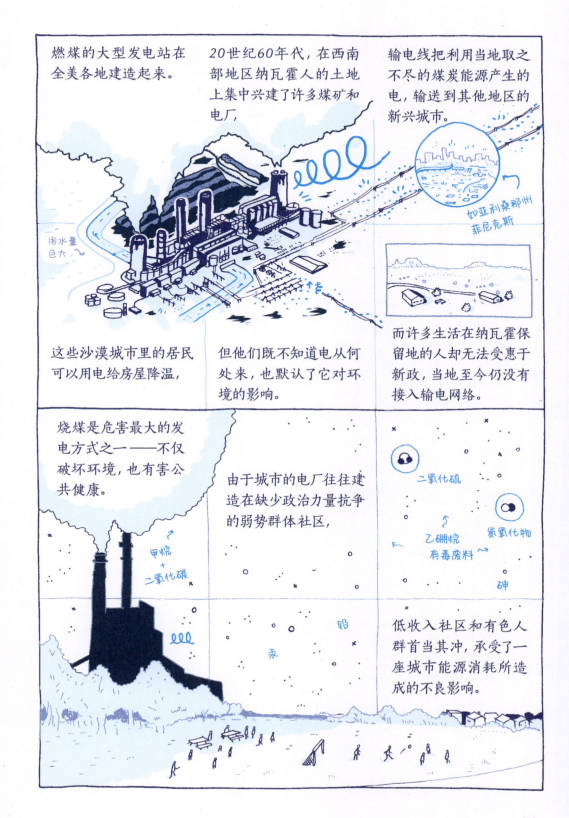

燃煤的大型发电站在全美各地建造起来。

20世纪60年代，在西南部地区纳瓦霍人的土地上集中兴建了许多煤矿和电厂，

输电线把利用当地取之不尽的煤炭能源产生的电，输送到其他地区的新兴城市。

如亚利桑那州菲尼克斯

这些沙漠城市里的居民可以用电给房屋降温，

但他们既不知道电从何处来，也默认了它对环境的影响。

而许多生活在纳瓦霍保留地的人却无法受惠于新政，当地至今仍没有接入输电网络。

烧煤是危害最大的发电方式之一——不仅破坏环境，也有害公共健康。

甲烷
+
二氧化碳

由于城市的电厂往往建造在缺少政治力量抗争的弱势群体社区，

二氧化硫

乙硼烷
有毒废料

氮氧化物

砷

铅

汞

低收入社区和有色人群首当其冲，承受了一座城市能源消耗所造成的不良影响。

核电站主要建造于20世纪60年代和70年代，

虽然核能是最清洁的发电方式之一且发电量大，然而对铀的开采可能会产生剧毒，

而且，核能始终无法与原子弹和大灾害脱离干系。

顺便一提，核电站实际上不会像这样爆炸

水蒸气

冷却塔

几乎所有核反应堆都是由通用电气和西屋公司建造的。

3,000兆瓦

反应堆

此外，核电站的运营成本极其高昂并受到严格监管，

而针对核废料如何长期储存的问题也一直没有一个解决方案，

因此美国现在已几乎不再建新的核电站了。

核电站基本上是一种高科技、低排放的烧水方法，

仍然只是为了产生水蒸气来驱动涡轮和发电机。

使用浓缩铀作为燃料来源

反应堆

水蒸气

转转

涡轮

发电机转

目前仍有100个左右的核反应堆昼夜运转，供应美国20%的电量，

向全世界超过30个国家输送电力。

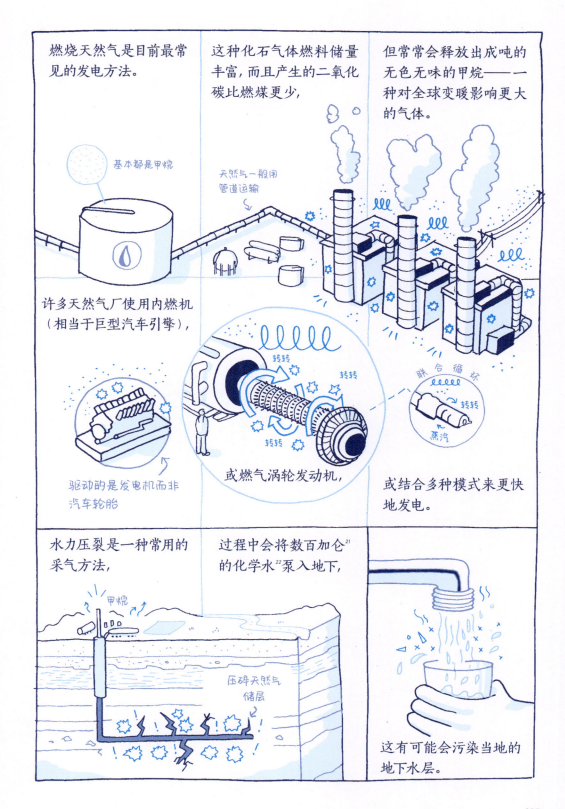

燃烧天然气是目前最常见的发电方法。

基本都是甲烷

这种化石气体燃料储量丰富，而且产生的二氧化碳比燃煤更少，

天然气一般用管道运输

但常常会释放出成吨的无色无味的甲烷——一种对全球变暖影响更大的气体。

许多天然气厂使用内燃机（相当于巨型汽车引擎），

转转 转转 转转 转转

驱动的是发电机而非汽车轮胎

或燃气涡轮发动机，

联合循环 转转 蒸汽

或结合多种模式来更快地发电。

水力压裂是一种常用的采气方法，

甲烷

压碎天然气储层

过程中会将数百加仑[21]的化学水[22]泵入地下，

这有可能会污染当地的地下水层。

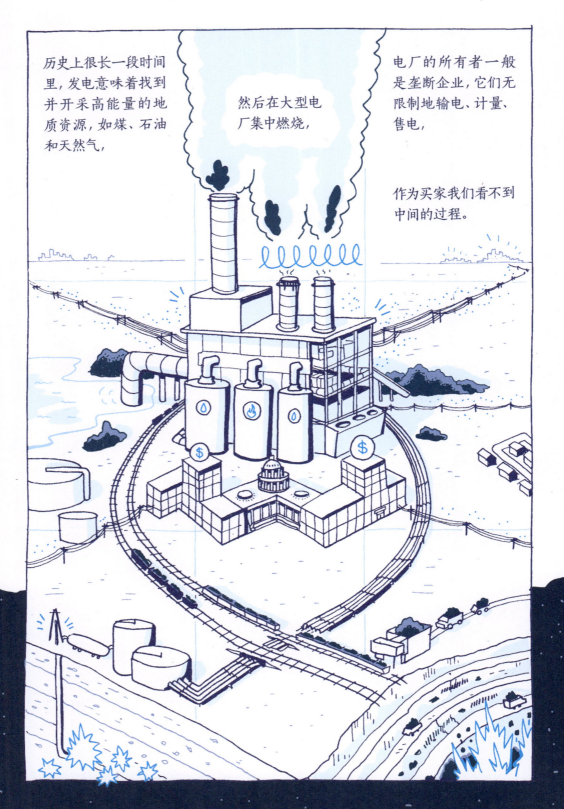

历史上很长一段时间里，发电意味着找到并开采高能量的地质资源，如煤、石油和天然气，

然后在大型电厂集中燃烧，

电厂的所有者一般是垄断企业，它们无限制地输电、计量、售电，

作为买家我们看不到中间的过程。

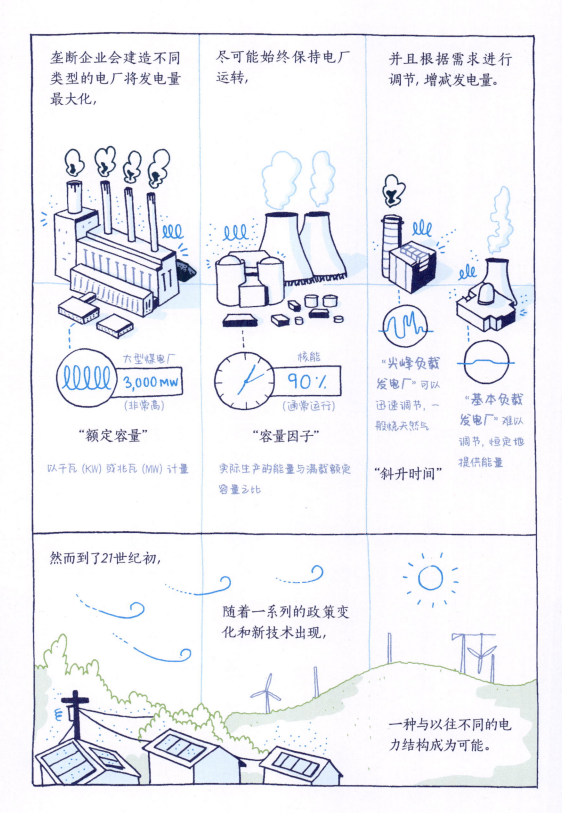

垄断企业会建造不同类型的电厂将发电量最大化，

尽可能始终保持电厂运转，

并且根据需求进行调节，增减发电量。

大型煤电厂
3,000 MW
（非常高）

"额定容量"

以千瓦 (KW) 或兆瓦 (MW) 计量

核能
90%
（通常运行）

"容量因子"

实际生产的能量与满载额定容量之比

"尖峰负载发电厂"可以迅速调节，一般烧天然气

"斜升时间"

"基本负载发电厂"难以调节，恒定地提供能量

然而到了21世纪初，

随着一系列的政策变化和新技术出现，

一种与以往不同的电力结构成为可能。

117

现在任何人在任何地方都可以利用能源发电，并入电网。

风力涡轮机既可以建成大型风电场，

也可以独立提供能源。

1千瓦

气流中的能量

涡轮机

1兆—3兆瓦

风力涡轮机只能建造在特定地区，

也不容易架设。

难以运输，

不过，在持续有风的地方，

它们仅仅靠转移气流中蕴含的能量，

就能产生巨量的电。

容量因子40%—50%（近海地区）

英国霍恩西风电场
1,200兆瓦

太阳能电池板是唯一不需要驱动发电机而直接用太阳的能量发电的方法。

和风能一样，太阳能也是一种"可变"能源——

它的产出难以预估，

所以通常需要天然气等备用能源。

每块太阳能板产生微量的电流

太阳能最早应用在难以布设电线的地方，

光子

轻粒子撞进硅里的电子产生微弱的电流

1千瓦直流电

直到最近才在各处广泛应用。

在太空里

或海上

家用太阳能一般直接流回电网，

在家庭和田间充当清洁的分布式迷你电站……

不过只有当太阳照耀的时候才能使用。

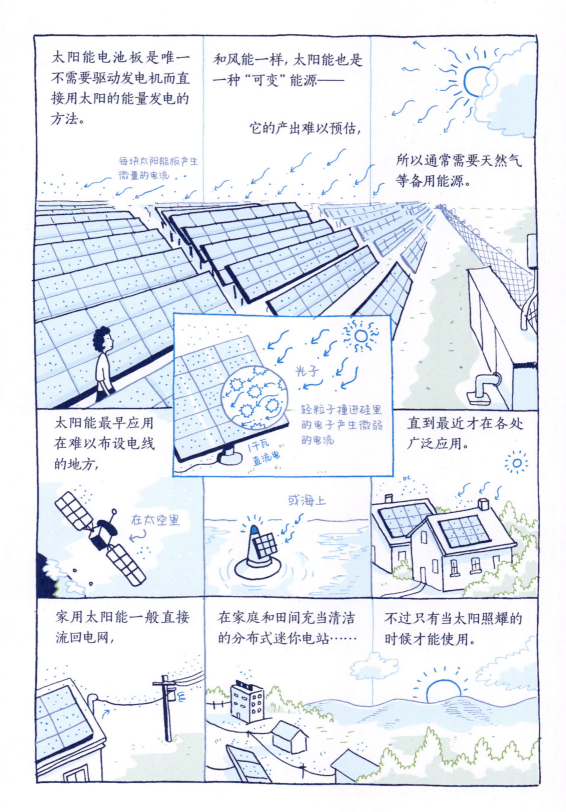

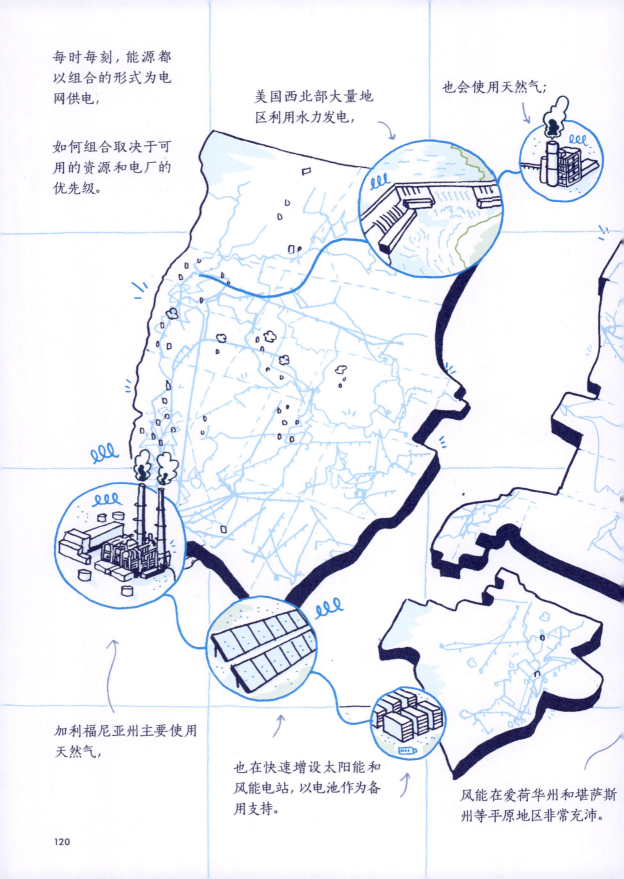

每时每刻，能源都以组合的形式为电网供电，

如何组合取决于可用的资源和电厂的优先级。

美国西北部大量地区利用水力发电，

也会使用天然气；

加利福尼亚州主要使用天然气，

也在快速增设太阳能和风能电站，以电池作为备用支持。

风能在爱荷华州和堪萨斯州等平原地区非常充沛。

五大湖地区有许多核电站，

同时也燃煤；

西弗吉尼亚州基本都是火电。

咔哒

虽然发电站在逐年减少对煤电的依赖，更多地使用可再生、低排放的能源，

即便如此，每种发电方式都会对人和环境有一些负面影响。

既然我们无法完全了解所用能源的全部影响，

那么重点是关注如何减少用量。

4. 平衡电网: 分配和需求

电力系统中我们最常看见的部分，

可能是我们关注最少的部分。

电力的调度网络

包括连接每幢房子的层层叠叠的电线，

每当我们给某件东西接通电源，电线就把电从各处送入家中。

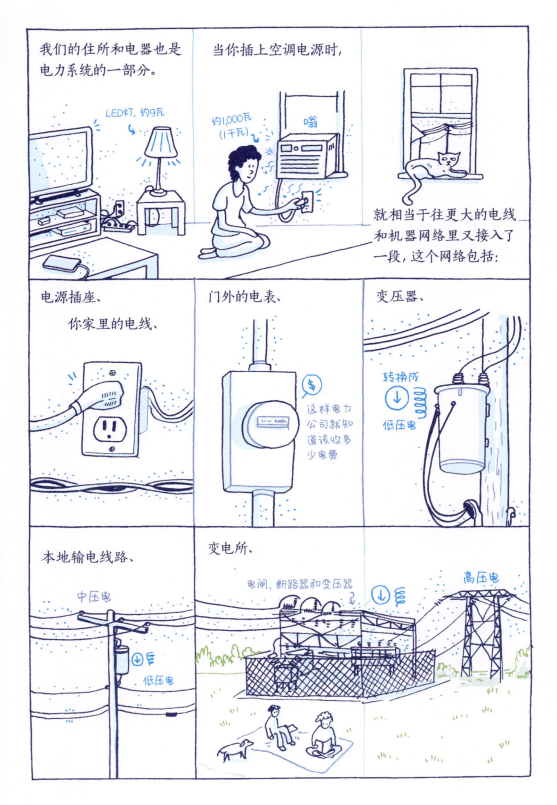

我们的住所和电器也是电力系统的一部分。

LED灯, 约9瓦

当你插上空调电源时,

约1,000瓦 (1千瓦)

嗡

就相当于往更大的电线和机器网络里又接入了一段, 这个网络包括:

电源插座、

你家里的电线、

门外的电表、

这样电力公司就知道该收多少电费

变压器、

转换成

↓

低压电

本地输电线路、

中压电

↓

低压电

变电所、

电闸、断路器和变压器

↓

高压电

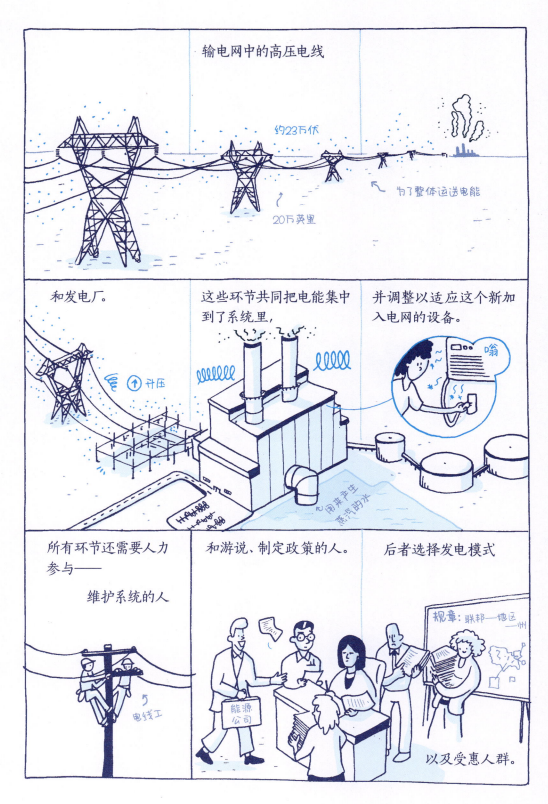

一天24小时，

在全美各地的控制中心里，

为当下时段生产完美符合使用需求的电量，

都有人在协调发电厂，

59.9 HZ

这些分配电力的权威机构，

可能是为一个地区供电的某个电力公司，

也可能是运营着营利性电力买卖市场的地区组织。

以适配每个家庭、企业和工厂里的每一件电子设备，

范围覆盖整个地区。

并实时调整

各个地区在本州、全美和国际上所受的监管不同，

但都承担着同样的基本任务：

确保能量的供应与需求相匹配，从而维持输电系统的平衡。

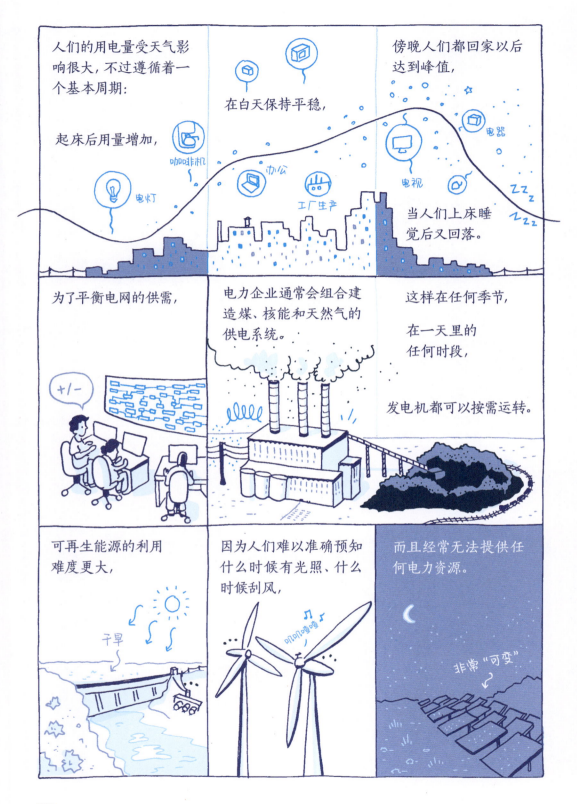

人们的用电量受天气影响很大，不过遵循着一个基本周期：

起床后用量增加，

咖啡机

电灯

在白天保持平稳，

办公

工厂生产

电器

电视

傍晚人们都回家以后达到峰值，

当人们上床睡觉后又回落。

zzz

为了平衡电网的供需，

+/-

电力企业通常会组合建造煤、核能和天然气的供电系统。

这样在任何季节，

在一天里的任何时段，

发电机都可以按需运转。

可再生能源的利用难度更大，

干旱

因为人们难以准确预知什么时候有光照、什么时候刮风，

叽叽嘻嘻

而且经常无法提供任何电力资源。

非常"可变"

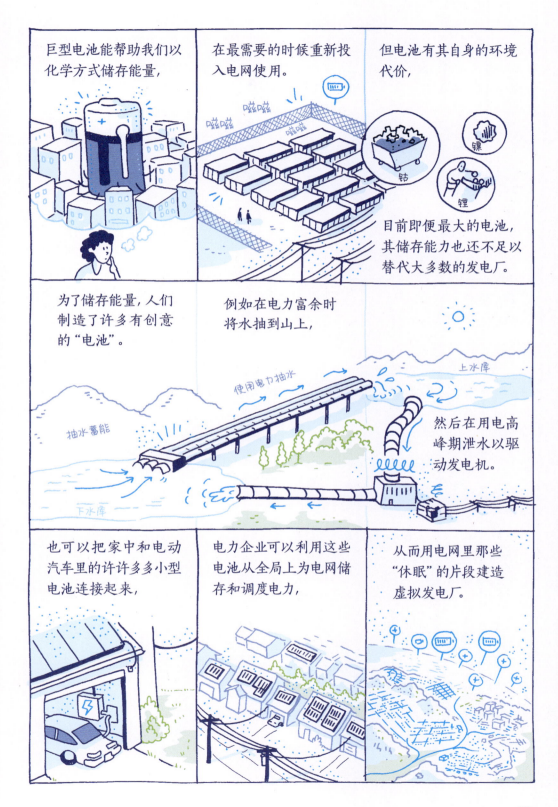

巨型电池能帮助我们以化学方式储存能量，

在最需要的时候重新投入电网使用。

但电池有其自身的环境代价，

目前即便最大的电池，其储存能力也还不足以替代大多数的发电厂。

为了储存能量，人们制造了许多有创意的"电池"。

例如在电力富余时将水抽到山上，

然后在用电高峰期泄水以驱动发电机。

使用电力抽水

上水库

抽水蓄能

下水库

也可以把家中和电动汽车里的许许多多小型电池连接起来，

电力企业可以利用这些电池从全局上为电网储存和调度电力，

从而用电网里那些"休眠"的片段建造虚拟发电厂。

镍

锂

钴

通过将电网与互联网等其他系统相连，我们可以减少能源使用量——

从生产端实现节电。

比如把家用电器联网，使其只在电力有富余的时候工作，

智能洗碗机

唰唰唰唰

也让电力企业可以关闭这些电器——

尤其在电网不堪重负的大热天里。

啵啵啵啵啵啵

OFF

但这里存在一些问题，例如：

数据中心用电量极大

由谁来做出决定？

人们在多大程度上愿意放弃对能源使用的控制权？

此外这也意味着电力企业现在还得保护电网免遭网络战和黑客攻击，

以免发电系统被关停而引发停电，

或有人通过炸毁设备的关键部件来搞破坏。

变压器

一些地区使用微电网，

它是电网的小型化版本，可以为一个社区或一座校园供电，

也可供个人住宅使用，

并可以根据需要与大电网连接或断开。

在大电网无法接入的地区，微电网至关重要，

但我们也不应该因此抛弃公共电网，

否则可能会退回只有一部分人能用上电的时代，

19世纪的宅邸

私人电力

从而失去重新想象和重建电网的机会。

通过把碎片化的系统整合起来或依赖当地可再生资源，

让整个大陆的每个人都能随时用上

电池

清洁、丰富的能源。

电力系统的起源很简单，就是科学家摆弄一些能控制神秘能量的机器。

这些机器在企业、政府和社区手中演变成本地系统，

很快扩张至整个国家

和整个星球，

现在为我们生活的方方面面提供能源。

世界各地的电网都有一套输电系统，

将高压电从电力丰富的地方

运送到有需求的地方。

发电机

将不同种类的能源转化为电能

（有时也利用太阳的天然能量），

经过本地电缆的分配，

将电能以较低的电压送入每家每户，

供我们日常使用。

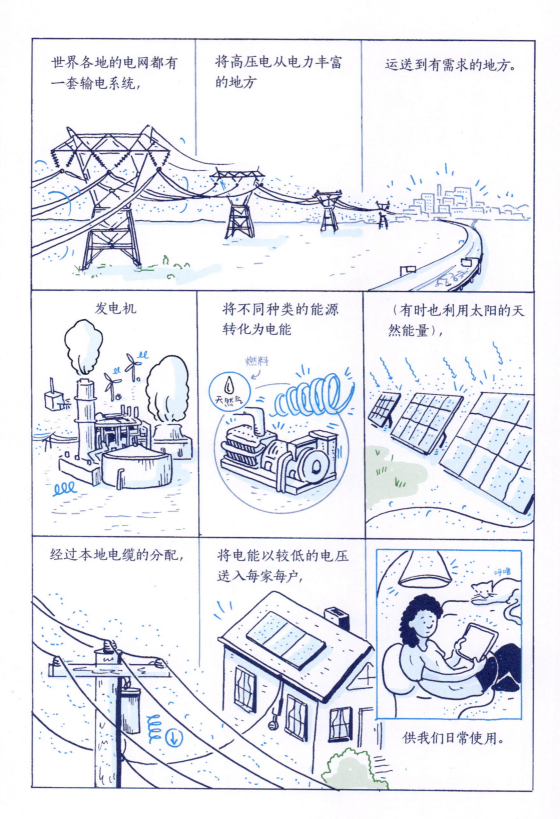

在实际应用中, 每种
电力系统都更加复杂
而精微,

涉及因地制宜的地理、

历史和经济体系。

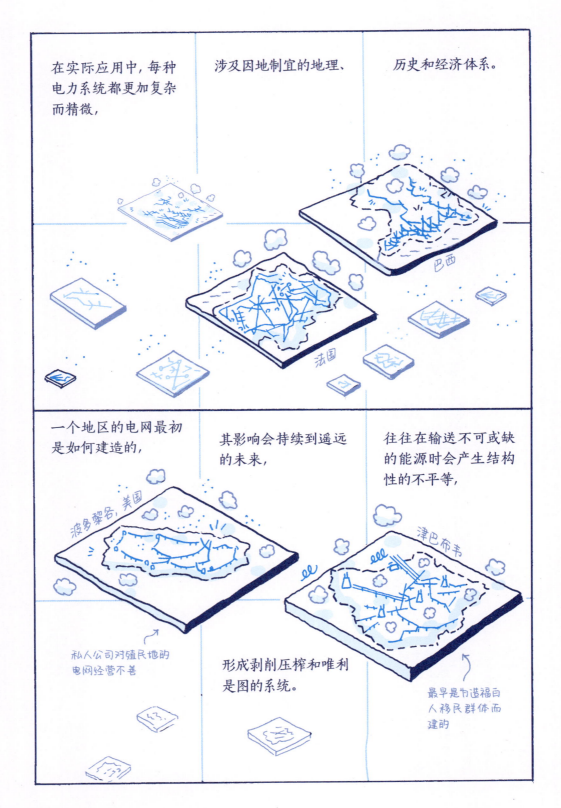

巴西

法国

一个地区的电网最初
是如何建造的,

其影响会持续到遥远
的未来,

往往在输送不可或缺
的能源时会产生结构
性的不平等,

波多黎各, 美国

私人公司对殖民地的
电网经营不善

形成剥削压榨和唯利
是图的系统。

津巴布韦

最早是为造福白
人移民群体而
建的

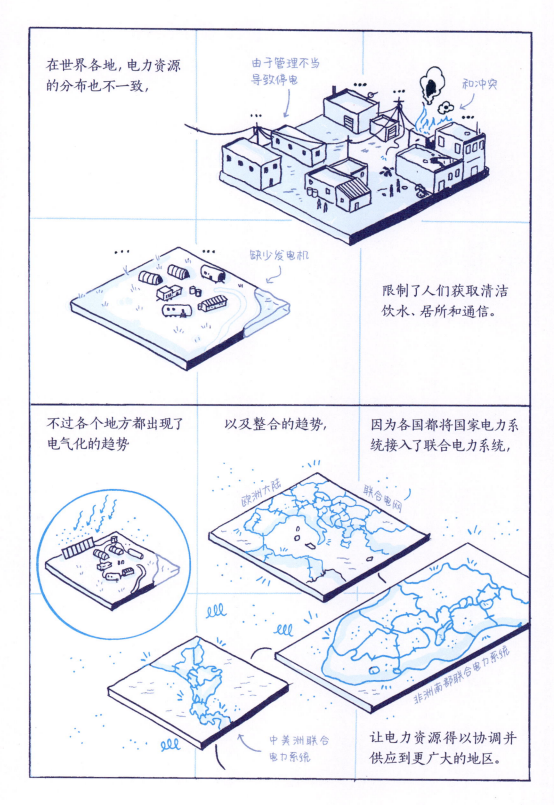

在世界各地，电力资源的分布也不一致，

由于管理不当导致停电

和冲突

缺少发电机

限制了人们获取清洁饮水、居所和通信。

不过各个地方都出现了电气化的趋势

以及整合的趋势，

因为各国都将国家电力系统接入了联合电力系统，

欧洲大陆

联合电网

中美洲联合电力系统

非洲南部联合电力系统

让电力资源得以协调并供应到更广大的地区。

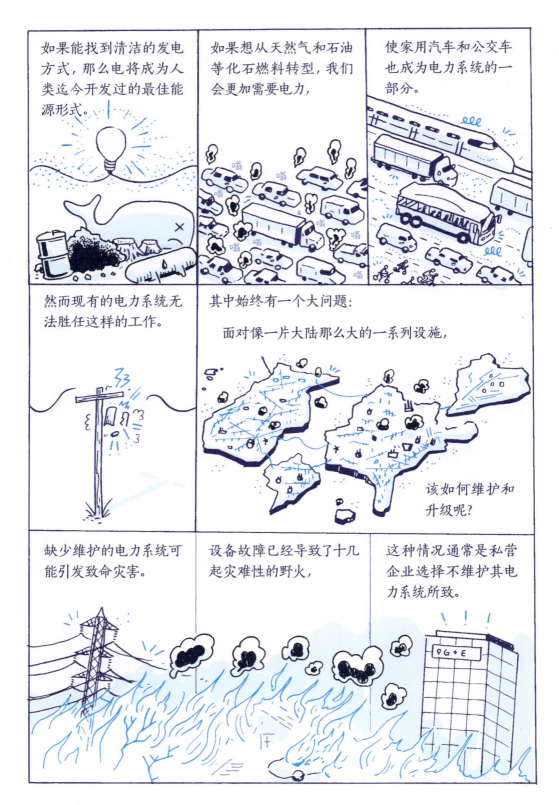

如果能找到清洁的发电方式，那么电将成为人类迄今开发过的最佳能源形式。

如果想从天然气和石油等化石燃料转型，我们会更加需要电力，

使家用汽车和公交车也成为电力系统的一部分。

然而现有的电力系统无法胜任这样的工作。

其中始终有一个大问题：

面对像一片大陆那么大的一系列设施，

该如何维护和升级呢？

缺少维护的电力系统可能引发致命灾害。

设备故障已经导致了十几起灾难性的野火，

这种情况通常是私营企业选择不维护其电力系统所致。

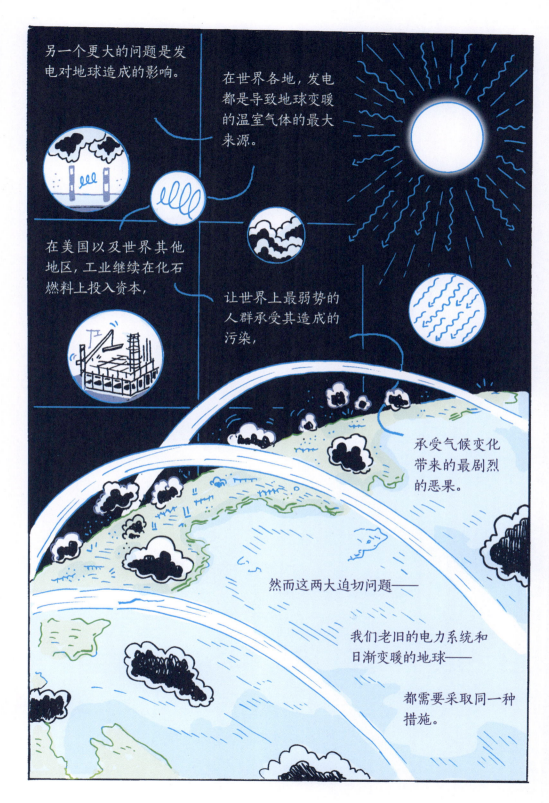

另一个更大的问题是发电对地球造成的影响。

在世界各地，发电都是导致地球变暖的温室气体的最大来源。

在美国以及世界其他地区，工业继续在化石燃料上投入资本，

让世界上最弱势的人群承受其造成的污染，

承受气候变化带来的最剧烈的恶果。

然而这两大迫切问题——

我们老旧的电力系统和日渐变暖的地球——

都需要采取同一种措施。

因为能源与我们的生活方式息息相关，

所以改造电网意味着基于各个社区的需求

改造我们的社会。

输电

公共
交通

能源储存

监管

植树造林

电动汽车

碳捕获

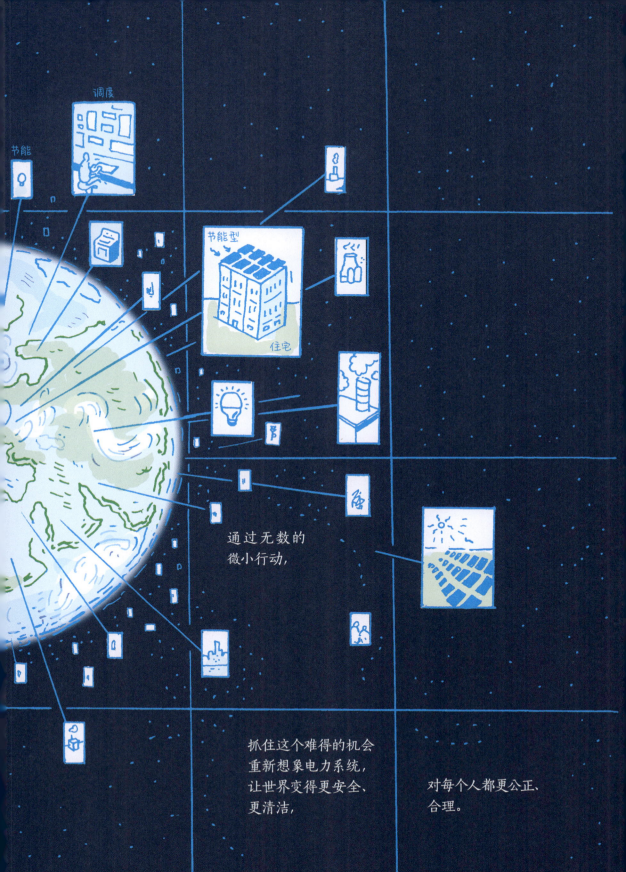

调度

节能

节能型

住宅

通过无数的
微小行动,

抓住这个难得的机会
重新想象电力系统,
让世界变得更安全、
更清洁,

对每个人都更公正、
合理。

你知道，他们把密西西比河的河道改直了好几处，腾出空间给房子和可居住土地。河水有时在这些地方泛滥。"泛洪"——他们用的是这个词，但实际上河流不是在泛洪；它是在回忆。回忆起曾经归属的地方。所有的水都有完美的记忆，会永远尝试回到它所属的地方。

——托妮·莫里森[24]

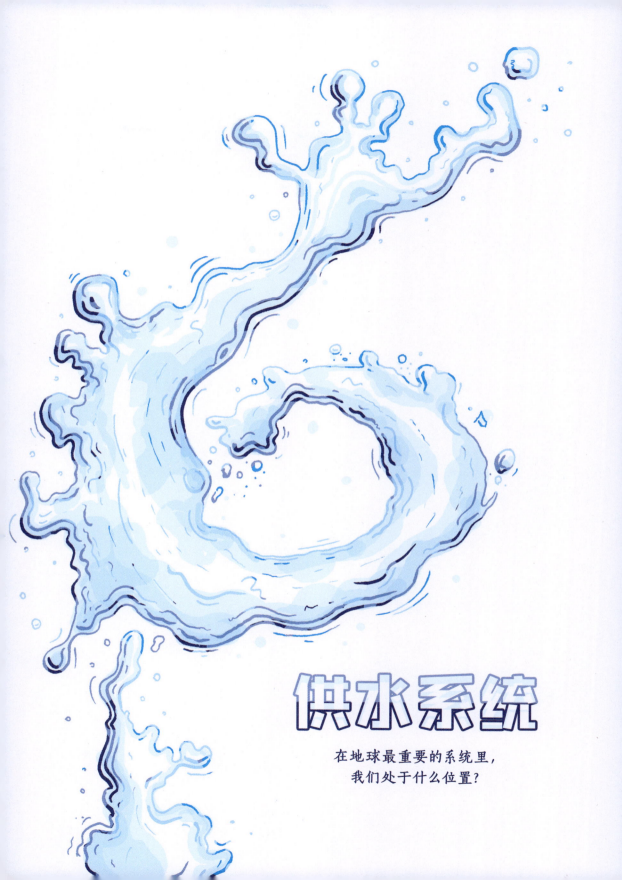

供水系统

在地球最重要的系统里，
我们处于什么位置？

在人类建造的所有系统之中,

没有一个能比得上无须我们参与建造就天然存在的系统。

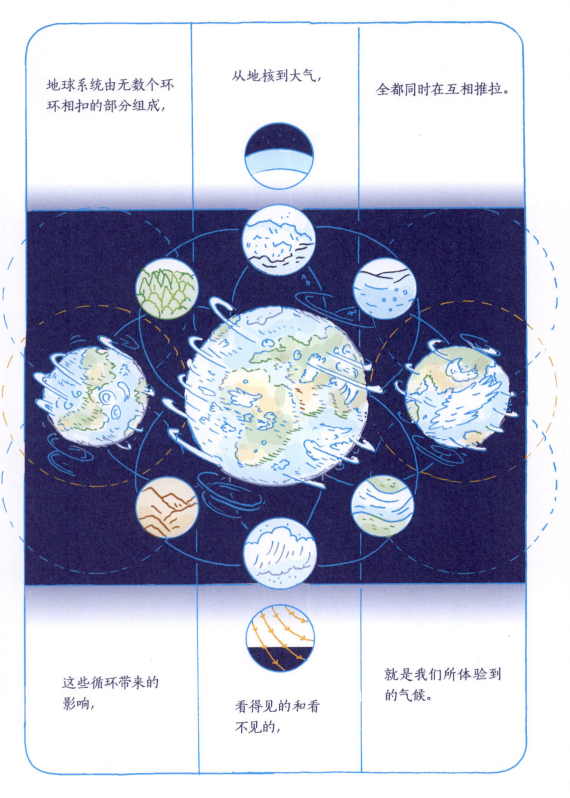

地球系统由无数个环环相扣的部分组成，

从地核到大气，

全都同时在互相推拉。

这些循环带来的影响，

看得见的和看不见的，

就是我们所体验到的气候。

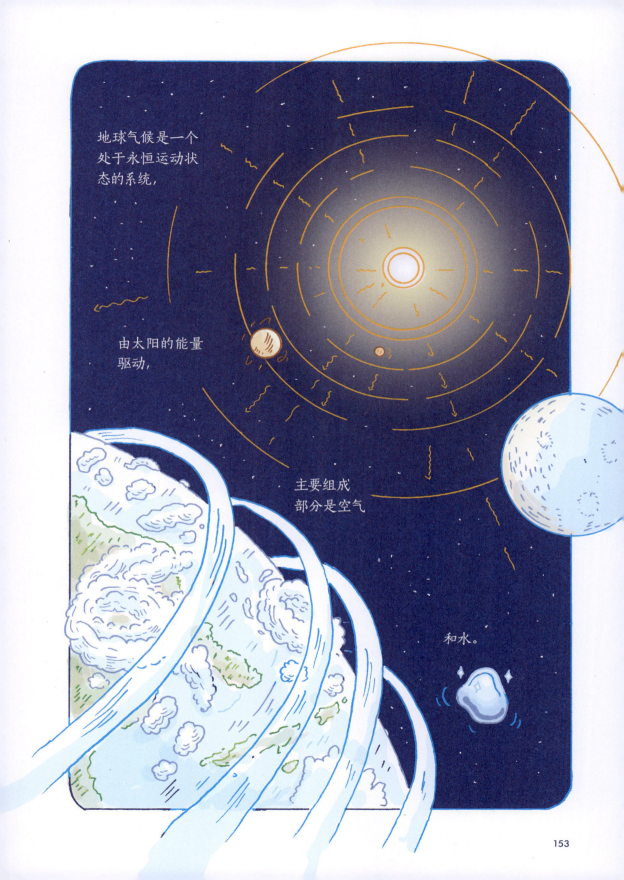

地球气候是一个
处于永恒运动状
态的系统，

由太阳的能量
驱动，

主要组成
部分是空气

和水。

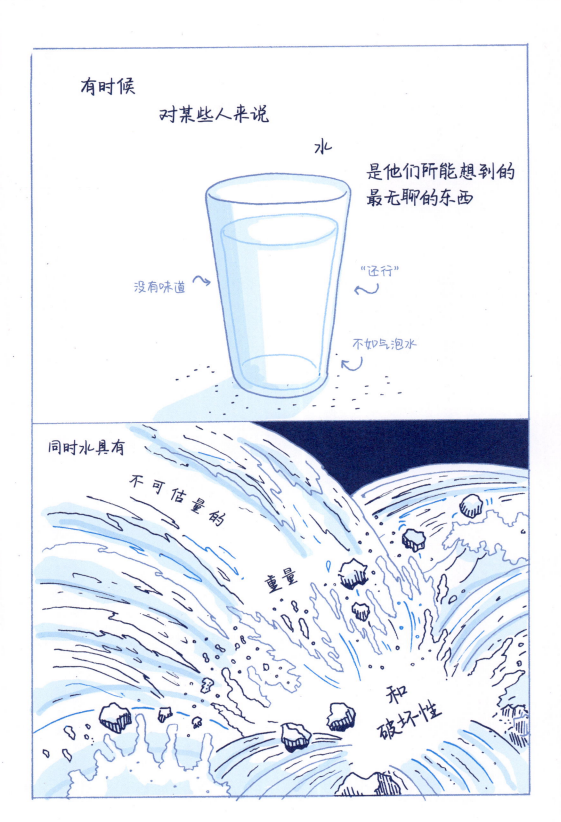

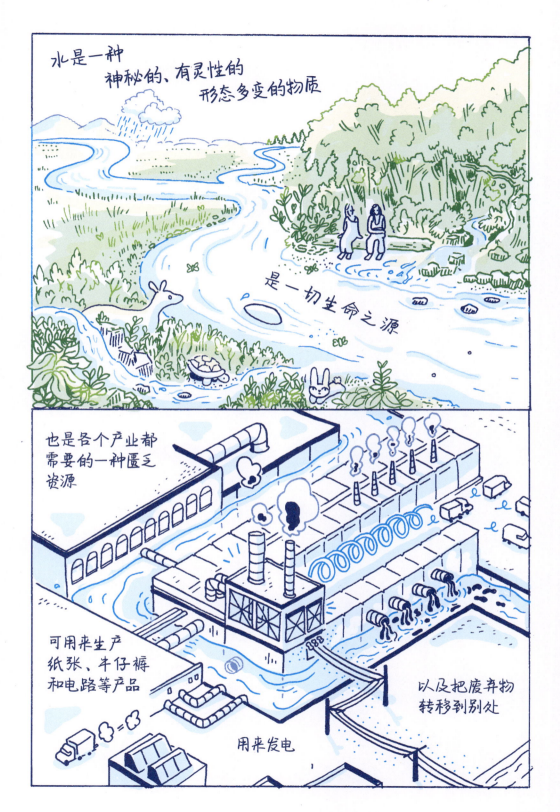

水是一种
神秘的、有灵性的
形态多变的物质

是一切生命之源

也是各个产业都
需要的一种匮乏
资源

可用来生产
纸张、牛仔裤
和电路等产品

用来发电

以及把废弃物
转移到别处

作为人类最基础的需求，

新鲜、洁净的水所蕴含的朴素之中有一种美，

人们选择在气候能带来适宜水量的地方定居。

然而人类对水的使用需要一种微妙的平衡——

在人造系统

供水系统

和自然循环之间。

气候

如今，这两套系统往往无法公平地提供水资源——

既有地理原因，

也有人口原因，

其中的差距正在日渐增大。

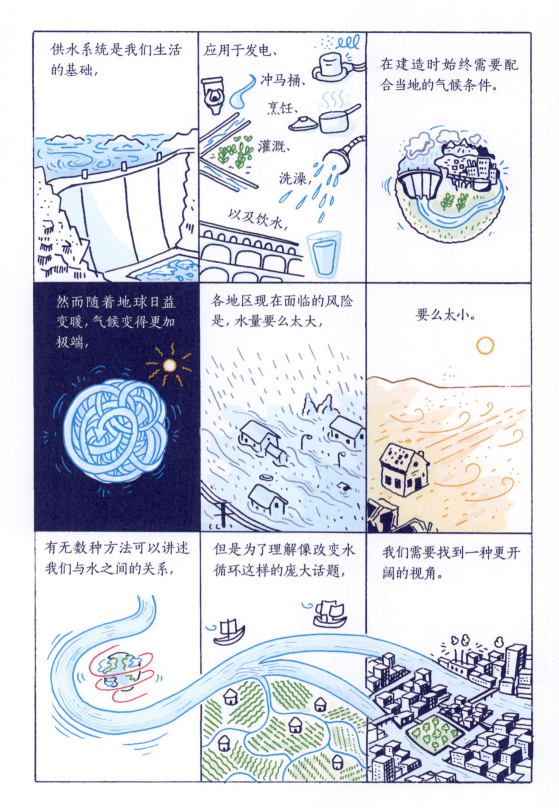

供水系统是我们生活的基础，

应用于发电、冲马桶、烹饪、灌溉、洗澡，以及饮水，

在建造时始终需要配合当地的气候条件。

然而随着地球日益变暖，气候变得更加极端，

各地区现在面临的风险是，水量要么太大，

要么太小。

有无数种方法可以讲述我们与水之间的关系，

但是为了理解像改变水循环这样的庞大话题，

我们需要找到一种更开阔的视角。

1. 地球上的水：循环和规模

宇宙大爆炸
约140亿年前

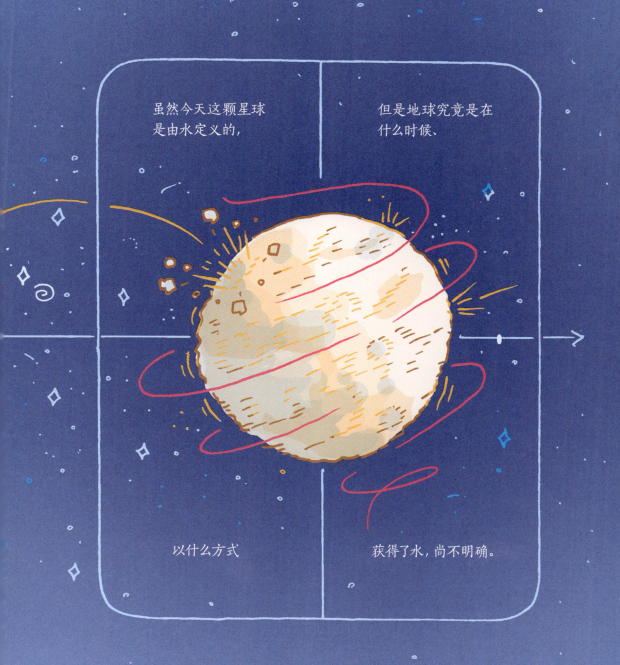

虽然今天这颗星球
是由水定义的,

但是地球究竟是在
什么时候、

以什么方式

获得了水,尚不明确。

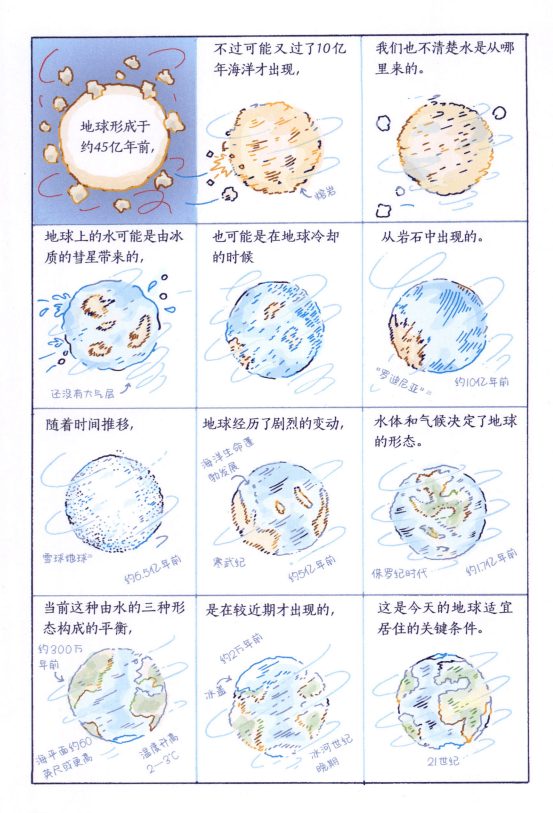

地球形成于约45亿年前，

不过可能又过了10亿年海洋才出现，

我们也不清楚水是从哪里来的。

熔岩

地球上的水可能是由冰质的彗星带来的，

还没有大气层

也可能是在地球冷却的时候

从岩石中出现的。

"罗迪尼亚"²⁵   约10亿年前

随着时间推移，

雪球地球²⁶   约6.5亿年前

地球经历了剧烈的变动，

海洋生命蓬勃发展

寒武纪   约5亿年前

水体和气候决定了地球的形态。

侏罗纪时代   约1.7亿年前

当前这种由水的三种形态构成的平衡，

约300万年前

海平面升高约60英尺或更高   温度升高2~3℃

是在较近期才出现的，

约2万年前

冰盖

冰河世纪晚期

这是今天的地球适宜居住的关键条件。

21世纪

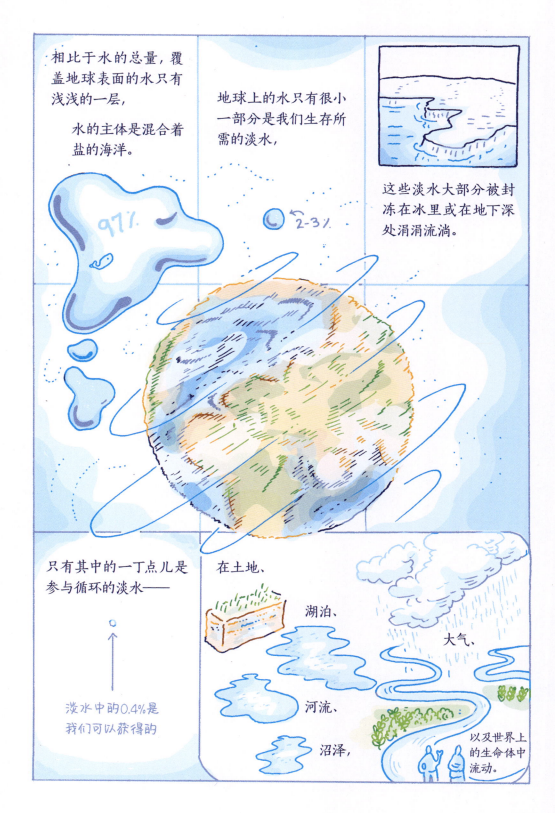

相比于水的总量，覆盖地球表面的水只有浅浅的一层，

水的主体是混合着盐的海洋。

地球上的水只有很小一部分是我们生存所需的淡水，

这些淡水大部分被封冻在冰里或在地下深处涓涓流淌。

97%

2-3%

只有其中的一丁点儿是参与循环的淡水——

淡水中的0.4%是我们可以获得的

在土地、

湖泊、

河流、

沼泽，

大气、

以及世界上的生命体中流动。

要理解供水系统很难，因为它基本在一个巨大、非人工的规模上运转——

比如一座城市每天消耗的水量，

（纽约市每天的用水量超过10亿加仑）

或是在这颗星球的各个地方流动或静止的水量。

（有570万"立方英里"的淡水封冻在冰川和冰盖里。）

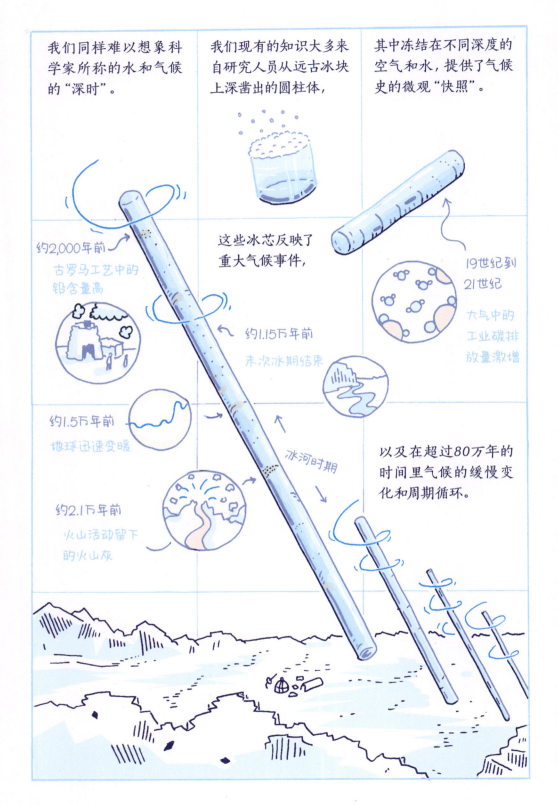

我们同样难以想象科学家所称的水和气候的"深时"。

我们现有的知识大多来自研究人员从远古冰块上深凿出的圆柱体，

其中冻结在不同深度的空气和水，提供了气候史的微观"快照"。

这些冰芯反映了重大气候事件，

约2,000年前
古罗马工艺中的铅含量高

约1.15万年前
末次冰期结束

约1.5万年前
地球迅速变暖

约2.1万年前
火山活动留下的火山灰

冰河时期

19世纪到21世纪
大气中的工业碳排放量激增

以及在超过80万年的时间里气候的缓慢变化和周期循环。

正是在这样漫长时间的尺度上，水形塑着地貌。

当降雨和融雪形成的地表水向大海流去，河流就会出现，

随着气候改变，河流也可能会完全消失。

冰川由降雪形成，

在一片大地上缓慢扩张和后退，

切割出山脉和峡谷。

气候循环同样塑造着生命——

如果天气模式在较长的时间里保持一致，

生态系统就可以适应并在可预测的生存条件下繁衍生息。

我们赖以生存的水在大地和大气之间运动，遵循着在很长时间里形成的气候模式。

河流穿过盆地，把水带入大海，

河流蒸发的水汽在大气中凝结，把湿气输送到不同地区。

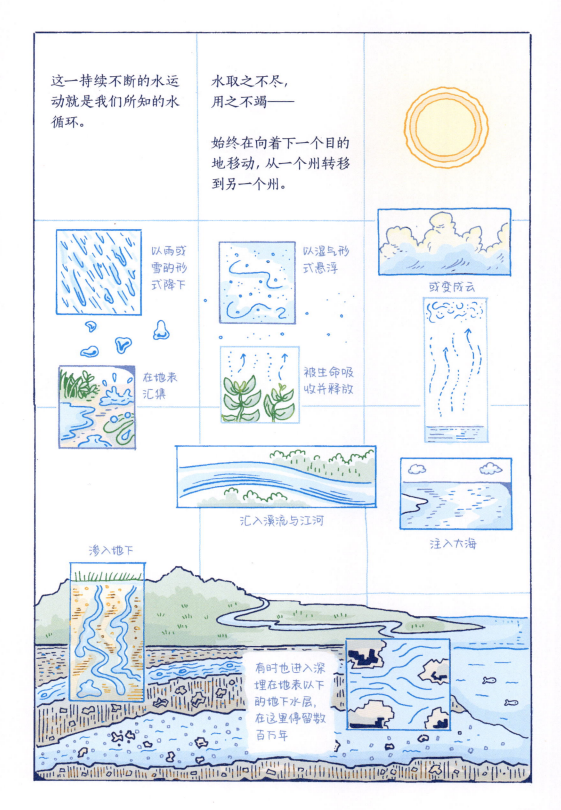

这一持续不断的水运动就是我们所知的水循环。

水取之不尽，
用之不竭——

始终在向着下一个目的地移动，从一个州转移到另一个州。

以雨或雪的形式降下

在地表汇集

以湿气形式悬浮

被生命吸收并释放

或变成云

汇入溪流与江河

注入大海

渗入地下

有时也进入深埋在地表以下的地下水层，在这里停留数百万年

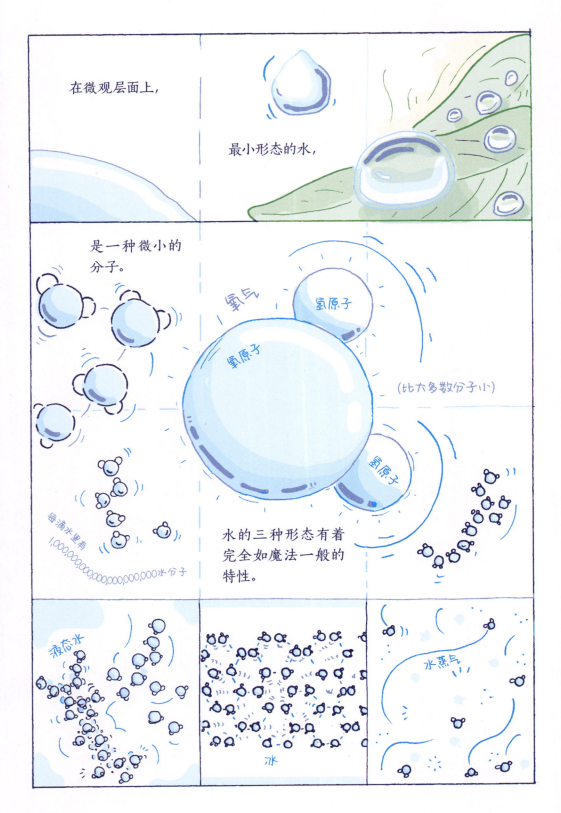

在微观层面上,

最小形态的水,

是一种微小的分子。

氧气

氢原子

氧原子

(比大多数分子小)

氢原子

每滴水里有
1,000,000,000,000,000,000,000水分子

水的三种形态有着完全如魔法一般的特性。

液态水

冰

水蒸气

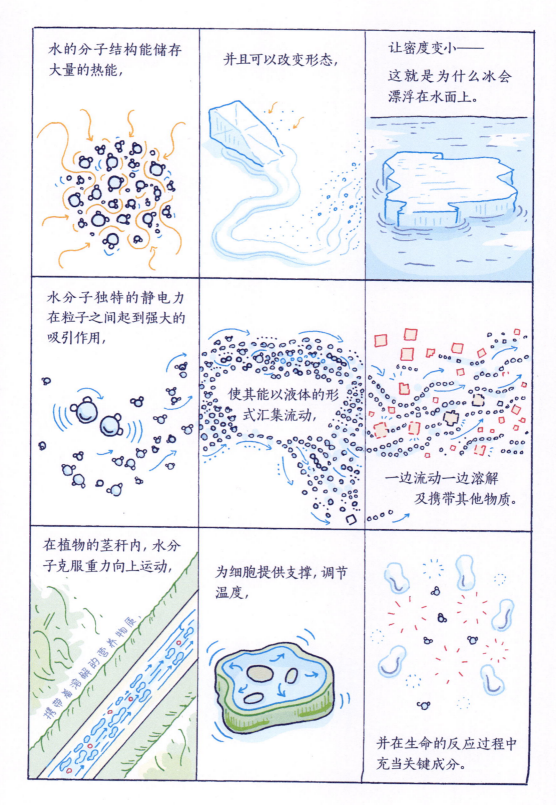

水的分子结构能储存大量的热能，

并且可以改变形态，

让密度变小——
这就是为什么冰会漂浮在水面上。

水分子独特的静电力在粒子之间起到强大的吸引作用，

使其能以液体的形式汇集流动，

一边流动一边溶解及携带其他物质。

在植物的茎秆内，水分子克服重力向上运动，

携带溶解的营养物质，

为细胞提供支撑，调节温度，

并在生命的反应过程中充当关键成分。

169

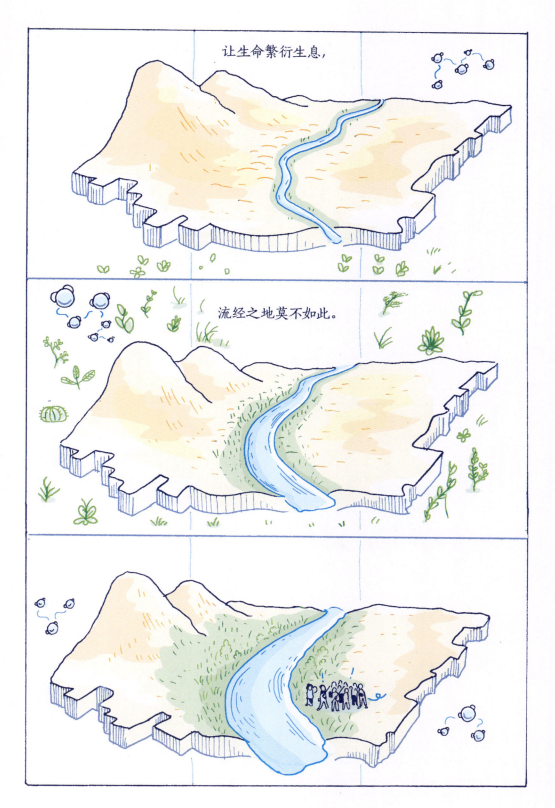

让生命繁衍生息，

流经之地莫不如此。

理解和管理水资源也是集体生活中最重要的环节,

尤其约在1万年前,

小型聚落开始发展为城市时。

2. 潮起潮落，聚落和城市

约30万年前

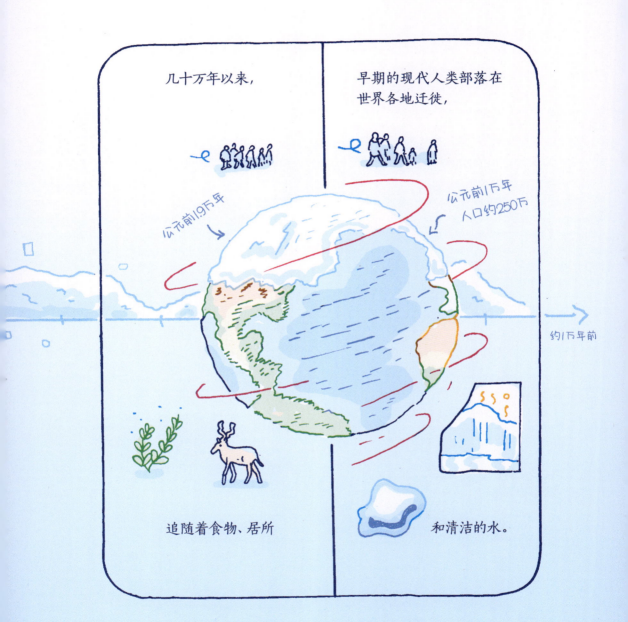

几十万年以来，

早期的现代人类部落在世界各地迁徙，

公元前19万年

公元前1万年
人口约250万

约1万年前

追随着食物、居所

和清洁的水。

10万年来的大部分
时间里，

这颗星球的北部都被大片
冰原覆盖。

然后，

到了大约1万年前，

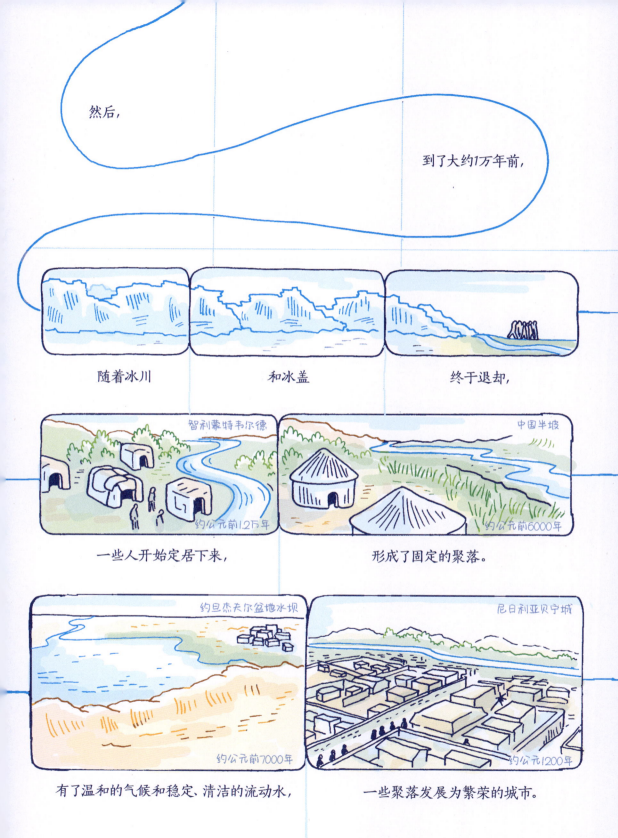

随着冰川

和冰盖

终于退却，

智利蒙特韦尔德

约公元前1.2万年

一些人开始定居下来，

中国半坡

约公元前6000年

形成了固定的聚落。

约旦杰夫尔盆地水坝

约公元前7000年

有了温和的气候和稳定、清洁的流动水，

尼日利亚贝宁城

约公元1200年

一些聚落发展为繁荣的城市。

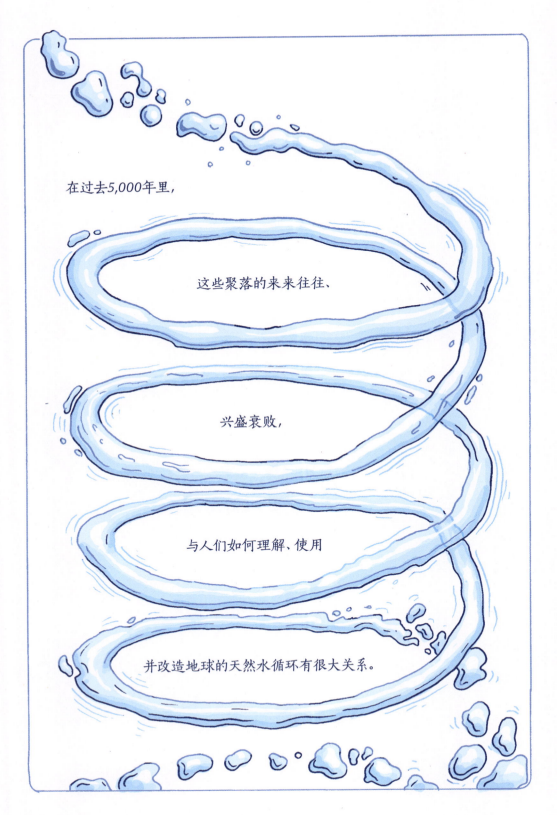

在过去5,000年里，

这些聚落的来来往往、

兴盛衰败，

与人们如何理解、使用

并改造地球的天然水循环有很大关系。

大约6,000年前，

苏美尔的城市和文明盛极一时，

这片地区现在是伊拉克

利用底格里斯河和幼发拉底河的水利，

贸易

公元前5000年　　苏美尔人　　公元前3000年　　公元前2000年　　0

苏美尔人引水灌溉农田，在沙漠里种植庄稼，

他们懂得不过度耕作，

避免盐分和矿物质在土壤中富集。

但是后来，可持续耕作的智慧被忽视了，

在这片土地上种植粮食作物变得困难，

到了公元前1600年，苏美尔文明从历史中淡出了。

古埃及和努比亚完全是围绕尼罗河每年的定期泛滥而建立的,

古埃及文明

在几千年间的几十个王朝里,

统治者依靠对定期洪泛的理解来获取政治和宗教权力。

公元前3000年

古王国时期

公元前2000年

中王国时期

夏季的尼罗河水泛滥,滋养灌溉了沿岸的田地,

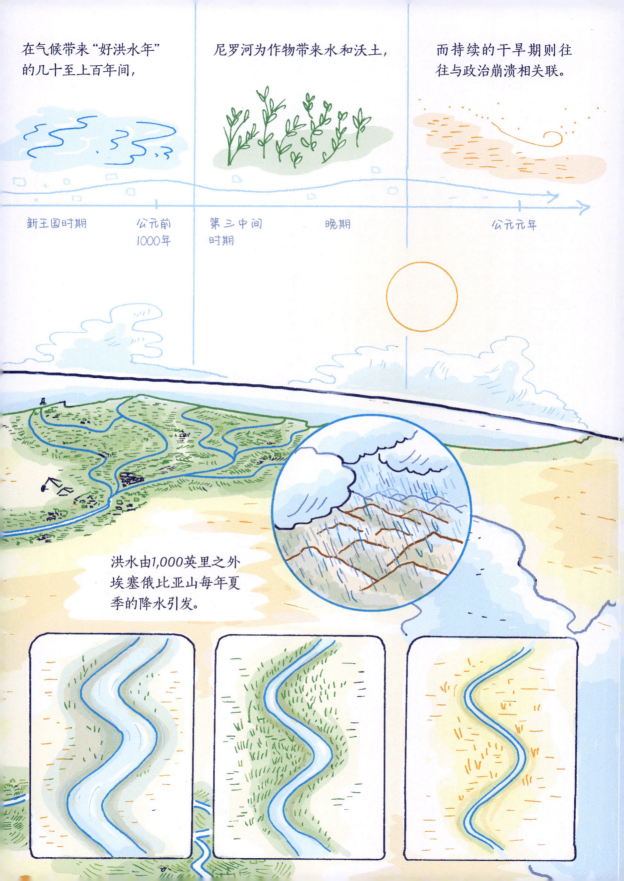

在气候带来"好洪水年"的几十至上百年间，

尼罗河为作物带来水和沃土，

而持续的干旱期则往往与政治崩溃相关联。

新王国时期　　公元前1000年　　第三中间时期　　晚期　　公元元年

洪水由1,000英里之外埃塞俄比亚山每年夏季的降水引发。

在4,000英里之外的东亚,

古代中国设法控制了两大水系的洪水。

这两条河经常冲毁干流和支流沿岸的水坝和防洪堤。

公元前700年

中国
黄河
长江

公元前272年

李冰采用道家方法,实现了与洪水周期共存。

他考察了岷江——长江南部的一条支流,寻找一种从洪水内部控制水流的方法。

工人们建造了几座分水堤堰,在关键曲道上把江水分流。

中国水利工程师
公元前3世纪

竹笼填石

分水工程不仅将多余的水导流以防止水患,

还灌溉了附近数百平方英里的农田,

这项工程奇迹在2,000多年后的今天仍在使用。

岷江

都江堰灌溉系统

中国北方时常面临缺水导致的严重灾害。

在公元600年前后，一项强力措施横空出世——

中国
黄河
长江

隋朝皇帝下令建造世界上最长的人工运河——京杭大运河。

公元700年

公元600年

他动用了超过300万的人力，在陆地上开凿出一条河道，

与黄河和长江既有的河道相连，

打造了一个从南到北输送水、粮食和贸易的网络。

后来，由于构造复杂且经常因洪水、战争或缺少维护而损毁，

需要经常清理淤泥

大运河的很多河段在1,500年间随着每个朝代的起起落落，

历经数次收缩或扩张。

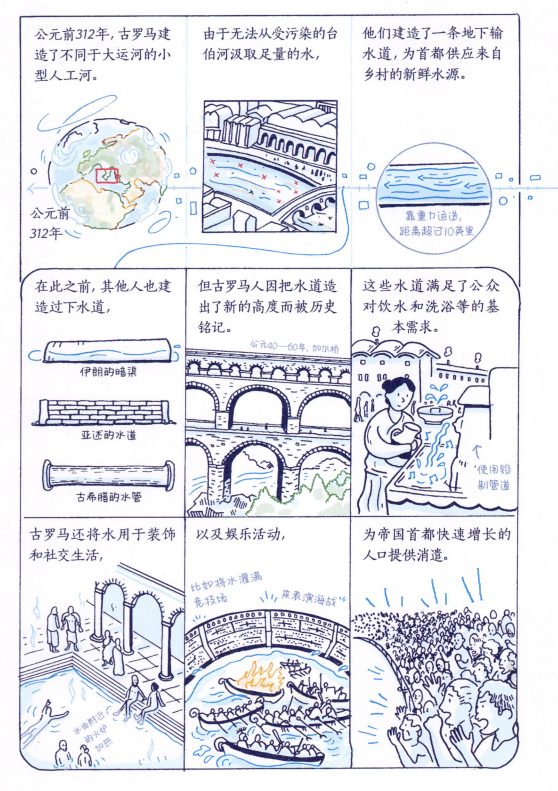

公元前312年，古罗马建造了不同于大运河的小型人工河。

公元前312年

由于无法从受污染的台伯河汲取足量的水，

他们建造了一条地下输水道，为首都供应来自乡村的新鲜水源。

靠重力运送，距离超过10英里

在此之前，其他人也建造过下水道，

伊朗的暗渠

亚述的水道

古希腊的水管

但古罗马人因把水道造出了新的高度而被历史铭记。

公元40—60年，加尔桥

这些水道满足了公众对饮水和洗浴等的基本需求。

使用铅制管道

古罗马还将水用于装饰和社交生活，

水由附近的火炉加热

以及娱乐活动，

比如将水灌满竞技场

来表演海战

为帝国首都快速增长的人口提供消遣。

大约500年后，到了公元226年，古罗马增建了第十一条水道，

这是历史上第一次，

一座城市拥有了约100万人口。

从尼罗河进口的粮食

公元700年

但古罗马的水利系统没能留存下来。

公元537年，随着帝国的衰落，

入侵的军队切断了古罗马几乎全部的水道，仅余一条，统治者于是抛弃了这座城市。

从此，罗马的人口数量锐减。

1,000年后古罗马的水道才得以修复，

而直到20世纪30年代城市才恢复到古罗马时期的人口规模。

185

历史通常更关注留下遗迹的大型帝国水利工程，

但许多族群和文明选择与当地的水循环共存，

没有在环境或历史记载中留下显著的印记。

公元798—802年大洪水

公元元年　霍霍坎文化

公元500年

在北美洲的西南部，

霍霍坎人已经在索尔特河和希拉河沿岸生活了1,500年，

在沙漠中协力开凿了数千英里的灌溉渠。

据说不同的部落会定期见面，

一起玩球、贸易，

协同建造该地区的供水系统。

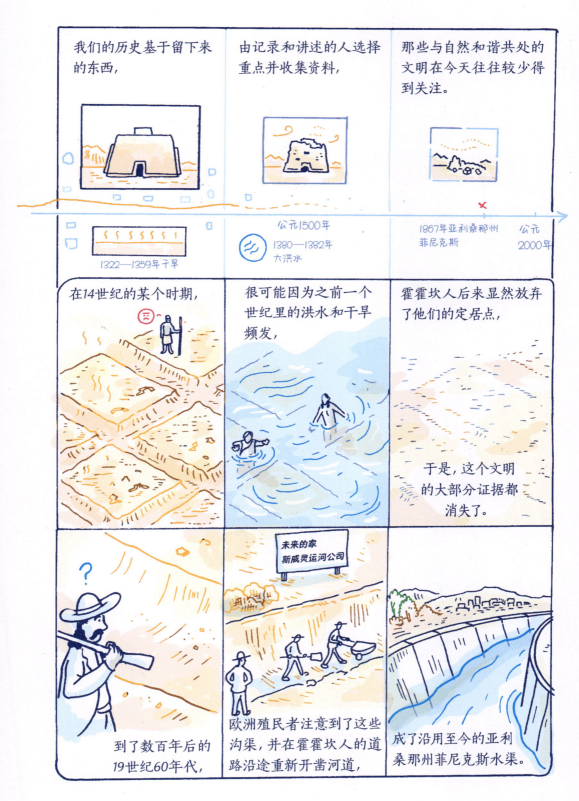

我们的历史基于留下来的东西，

由记录和讲述的人选择重点并收集资料，

那些与自然和谐共处的文明在今天往往较少得到关注。

1322—1359年干旱

公元1500年

1380—1382年大洪水

1867年亚利桑那州菲尼克斯

公元2000年

在14世纪的某个时期，

很可能因为之前一个世纪里的洪水和干旱频发，

霍霍坎人后来显然放弃了他们的定居点，

于是，这个文明的大部分证据都消失了。

到了数百年后的19世纪60年代，

未来的家
斯威灵运河公司

欧洲殖民者注意到了这些沟渠，并在霍霍坎人的道路沿途重新开凿河道，

成了沿用至今的亚利桑那州菲尼克斯水渠。

187

1万年以来，

只要是人类定居过的地方，

我们都能找到富有创意且令人敬畏的痕迹，

印度使用阶梯井取地下水

印证了当地族群依靠该地区独特的水循环系统而繁荣兴旺。

公元1300年吴哥窟

人们掌握了更换种植模式的可持续耕作方法，

建造起不同的系统，利用水来孕育生命，

供日常生活使用，

以及用于精神灵修。

188

佩特拉古城 (纳巴泰人建造)

公元前 200年 ← → 公元 700年

罕见的沙漠降水储存在蓄水池里

这些遗址和系统往往比建造它们的群体存留的时间更长，

提醒着我们无论建造什么——

蒂卡尔古城 (玛雅人建造)

公元前 600年 ← → 公元 1000年

能否适应水循环都是一个关乎存亡的问题。

蓄水池面临干旱和污染

关于我们在水循环中处于何种位置的智慧，在今天同样重要。

但在过去这200年间，

随着人口增长、

城市工业化，

这个问题却很少得到重视。

3. 城市里的水

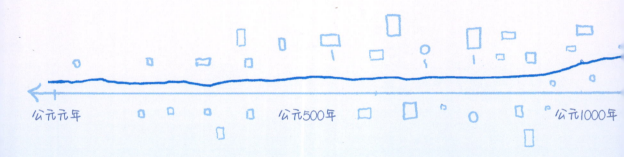

公元元年　　　　　　　　公元500年　　　　　　　公元1000年

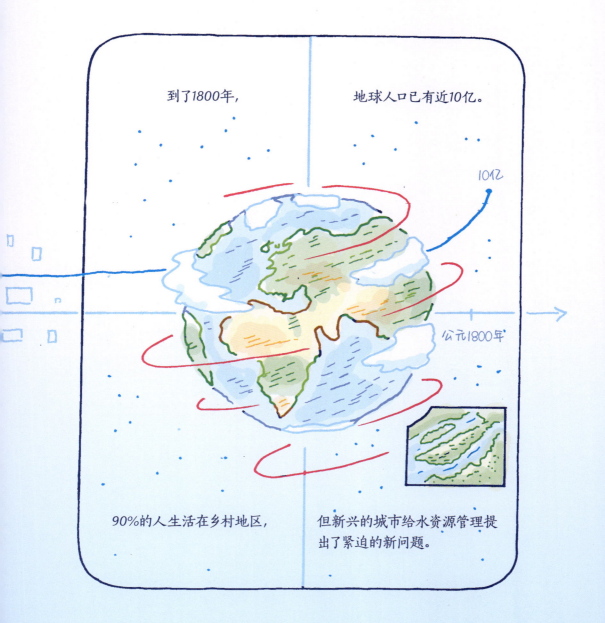

到了1800年，　　　　　地球人口已有近10亿。

10亿

公元1800年

90%的人生活在乡村地区，　　但新兴的城市给水资源管理提出了紧迫的新问题。

1600年，尚未被殖民的曼纳哈塔岛上有55种生态系统，

维系着野生动物和人类族群的生活，

这些居民已经在这里生活了数千年。

德拉瓦人

1.8万年前一座大冰山的边缘

超过2,000英尺高

荷兰殖民者占领了岛的一端，1664年英国人把此地更名为纽约。

华尔街

1660

但是哈得孙河和伊斯特河的水因盐分过高无法饮用，

1776

随着城市发展，加上殖民者污染了岛上的水塘，淡水变得稀缺。

1800

人们在有洁净地下水的地方设了"茶泵"，

付得起钱的人以高价买水运回家中，

然而这套系统不可持续，城市里频发的火灾使饮用水问题更为严峻。

城市聘请由阿龙·伯尔创立的曼哈顿公司，尝试建造一个饮用水系统。

就是他枪击了亚历山大·汉密尔顿[28]

然而除了埋设了一些漏水的管道，这家公司什么也没做，

中间掏空的树干

因为它不过是伯尔为他的新银行打的幌子。

华尔街

后来的美国大通曼哈顿银行，然后成了摩根大通银行

和历史上大多数新兴城市一样，

纽约找到的办法是通过导水渠从远处的水源引入清洁的水，

从40英里外的克罗顿河把水引到岛上的一个水库里。

后来成了纽约公共图书馆的地基

1842年，人们欢庆淡水来到纽约，

这标志着饮用水系统扩张的开端。

克罗顿的水

洁净、甘甜、充足的水！

啪

现在，这套系统每天要从19个水库和3个湖泊运送10亿加仑的水。

伦敦的泰晤士河成了整座城市的下水道。

随着城市扩张，居民制造出更多的人类排泄物和工业废弃物。

他们靠流动的河水把污染物排出城市，

但并不清楚把饮用水和污水混合的隐患。

19世纪，霍乱开始快速蔓延。

疾病之所以难以控制，部分是因为人们仍然相信是气味引发了疾病——

他们没有意识到，其实是自己的饮用水里存在细菌。

糟糕的空气！

1858年的夏季格外炎热，人们实在无法忍受泰晤士河的臭味，开始采取行动。

当时，甚至连城市里的富人和议会都向恶臭投降了，

他们开始制订一个彻底检修的计划。

1858年 "大恶臭"

195

18—19世纪的巴黎也好不到哪儿去。

全倒大街上!

虽然人类排泄物在地下的粪坑或粪缸里,

但人们常常把废水和废弃物沿着窄窄的街道冲入河流。

到了1850年,巴黎躁动不安的人口膨胀到了100万,

拿破仑三世强令改造巴黎的城市空间,

拆除了好几个街区,拓宽了城市街道。

新的城市规划从郊区将清洁的水引入城市供人饮用,

河水则被泵上来冲洗街上的脏污,

这些水都由庞大的地下污水系统输送。

(后来还用作电力和通信的管道)

巴黎人建造的下水道系统在财政上严重超支但令人瞩目,输送了城里几乎全部废水,

但不负责处理人类粪便,

你说他们想在我的下水道里放什么?

建筑师奥斯曼

游览参观

大便仍然由几十队的拾粪人拉去农场用作肥料。

伦敦人建造了一套更实用的复合系统,

他们把排泄物倒入更远处的河流下游,

从而为迅速增长的人口保障了供水。

19世纪60年代

世界各地纷纷更新城市供水系统,打造出更安全、更清洁的城市,

但城市要想转移工业废弃物到其他地方,倒入河流仍然是最重要的方式,

尤其在这个时候,企业找到了用水促进生产的新方法。

一砖一瓦建起来的

波士顿

东京

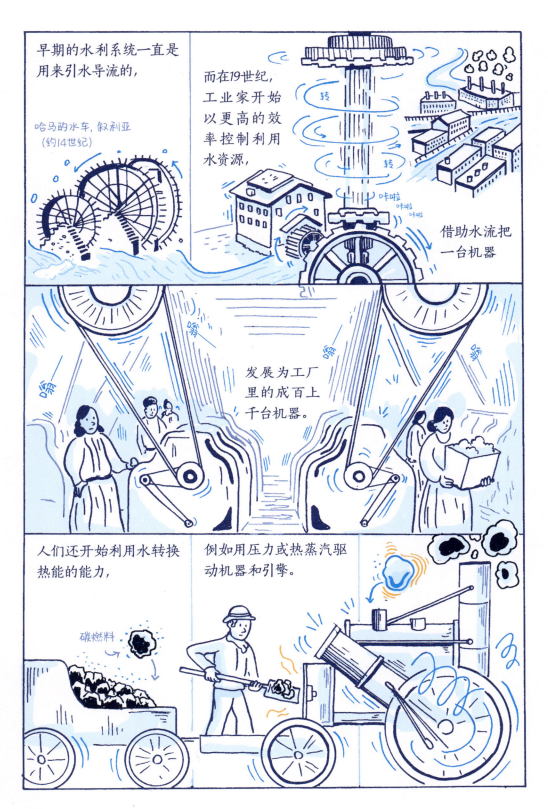

早期的水利系统一直是用来引水导流的，

哈马的水车，叙利亚（约14世纪）

而在19世纪，工业家开始以更高的效率控制利用水资源，

借助水流把一台机器

转

咔啦咔啦咔啦

发展为工厂里的成百上千台机器。

嗡嗡

人们还开始利用水转换热能的能力，

例如用压力或热蒸汽驱动机器和引擎。

碳燃料

在一阵修筑营利性运河的热潮中，贸易给水带来了新的用途。

19世纪，欧洲和北美大量建造运河

用于工业和交通的人工运河

有时仍然要靠动物拉纤

很快就将大西洋、五大湖和密西西比河连接起来。

政府和企业使用的工业水动力

与更便捷的全球水路交通结合起来，

激发了贸易和移民的新热潮，

也将水资源利用实践经验传遍整个北美的殖民地乃至全球。

4. 占地夺水

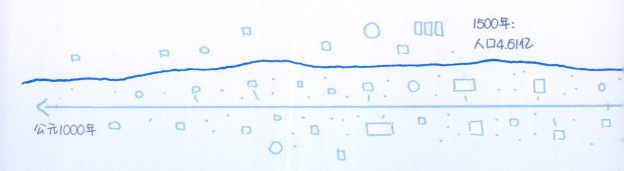

1500年：
人口4.61亿

公元1000年

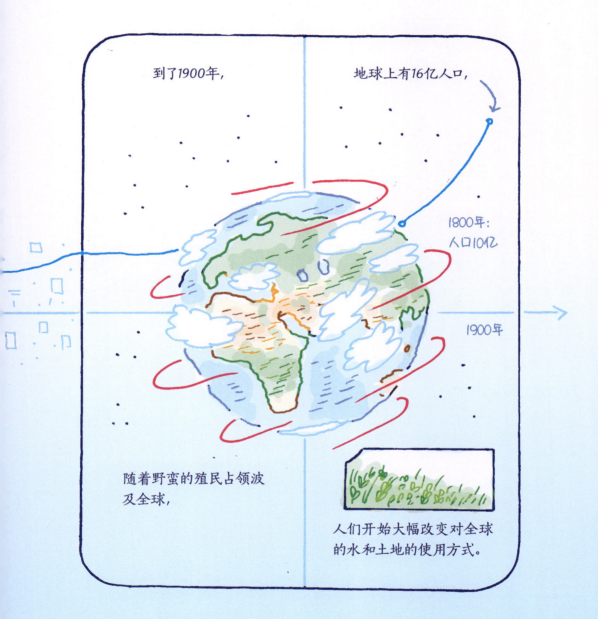

到了1900年，

地球上有16亿人口，

1800年：
人口10亿

1900年

随着野蛮的殖民占领波及全球，

人们开始大幅改变对全球的水和土地的使用方式。

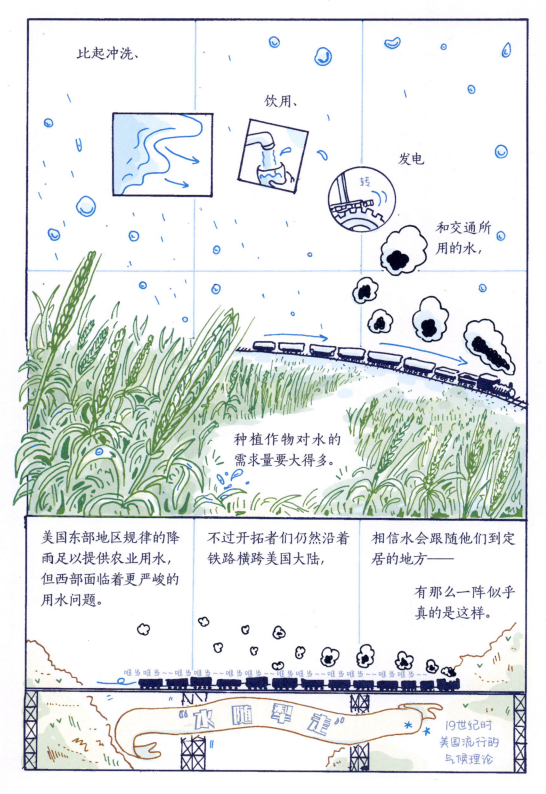

比起冲洗、

饮用、

发电

和交通所用的水，

种植作物对水的需求量要大得多。

美国东部地区规律的降雨足以提供农业用水，但西部面临着更严峻的用水问题。

不过开拓者们仍然沿着铁路横跨美国大陆，

相信水会跟随他们到定居的地方——

有那么一阵似乎真的是这样。

唯当唯当~~唯当唯当~~唯当唯当~~唯当唯当~~唯当唯当~~唯当唯当~~

"水随犁定"

* 19世纪时美国流行的气候理论

移民蜂拥而至，迫使美洲原住民迁出大平原，原住民的食物来源——水牛，也被猎杀，

他们犁开广袤的土地，不断推动小麦等经济作物的产量最大化，

这种行为一直持续到降水停止。

随后在20世纪30年代暴发了沙尘暴，这是他们自己制造的环境灾难，

刚犁好的干燥松土被风卷起形成尘暴，

导致此地在之后的10年里都死气沉沉、荒无人烟。

一些移民留了下来，一边接受新政的资助，一边等待降雨恢复，

其他人则继续西进，

希望找到水资源更稳定的地方。

多数遭受气候之害的人们在20世纪30年代抵达了加利福尼亚州，

美国在这里建造了世界最大的水利工程之一——

延伸400英里、可调度加利福尼亚中央河谷水资源的输水网络。

内华达山脉

萨克拉门托

奥克兰
旧金山

洛杉矶

太平洋

中央河谷工程使用水泵和输水渠，

把来自内华达山脉的融雪水

运送到条件恶劣的山谷，供应给农民和作物。

水资源补给原本是为了帮助小农应对干旱，

然而大部分供应给了种植农场——

摘

摘
摘

在那里，水变成了经济作物。

$

$

$

为了给类似的大规模计划供应充足的水，

美国政府和各州开始在河流中修建拦坝，

对大陆水道进行强力改造。

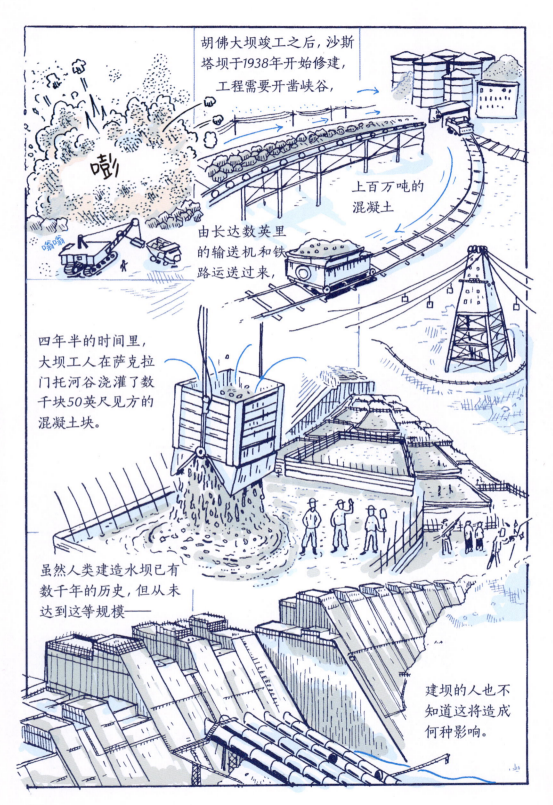

胡佛大坝竣工之后，沙斯塔坝于1938年开始修建，工程需要开凿峡谷，

嘭

由长达数英里的输送机和铁路运送过来，

上百万吨的混凝土

四年半的时间里，大坝工人在萨克拉门托河谷浇灌了数千块50英尺见方的混凝土块。

虽然人类建造水坝已有数千年的历史，但从未达到这等规模——

建坝的人也不知道这将造成何种影响。

筑坝拦河的决定让政府得以干扰水循环，满足多种用途——

控制河流的天然洪期、靠水的重力发电、

将河水引入饮用水和灌溉系统，

甚至淹没几万英亩的土地，建造了一个巨大的水库。

由于水坝规模庞大，其所带来的危害往往涉及面广且难以发现。

水坝会破坏河流的健康，摧毁依靠河流而生的族群的文化。

全部居民被迫搬离被水库淹没的居住地

摧毁河流生态系统

泥沙在水坝背后沉积

河流无法为河岸带去泥沙的补充

许多像科罗拉多河这样的大河，其干流和支流已经被政府坝拦了上百次，

抽调了太多的水用于工业和灌溉，以致再也无法抵达大海，

剥夺了其他生命所需的水生态系统。

大坝被赞颂为万能工程，给整个地区带去能源和发展，

胡佛水坝，内华达州

科罗拉多河

两个联邦机构——美国垦务局和陆军工程师团——互相争夺资金，

诺里斯大坝，田纳西州

克林奇河

在全美各条河流上

大古力水坝，华盛顿州

哥伦比亚河

尽其所能建造大坝。

1920—1950年

新建了1万座水坝

建造水坝的人往往夸大了其益处，

1950—1980年

新建了4万座水坝

全美河流

奥罗维尔水坝，加利福尼亚州

费瑟河

通常需要数千名工人

对水坝的有害影响则避重就轻。

拦河大坝，密西西比河

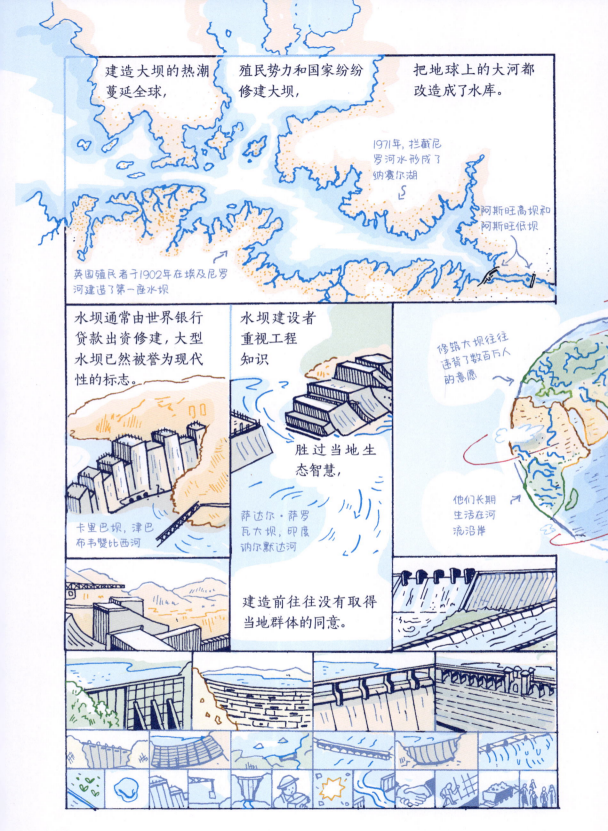

建造大坝的热潮蔓延全球，

殖民势力和国家纷纷修建大坝，

把地球上的大河都改造成了水库。

1971年，拦截尼罗河水形成了纳赛尔湖

阿斯旺高坝和阿斯旺低坝

英国殖民者于1902年在埃及尼罗河建造了第一座水坝

水坝通常由世界银行贷款出资修建，大型水坝已然被誉为现代性的标志。

水坝建设者重视工程知识

胜过当地生态智慧，

萨达尔·萨罗瓦大坝，印度讷尔默达河

建造前往往没有取得当地群体的同意。

修筑大坝往往违背了数百万人的意愿

他们长期生活在河流沿岸

卡里巴坝，津巴布韦赞比西河

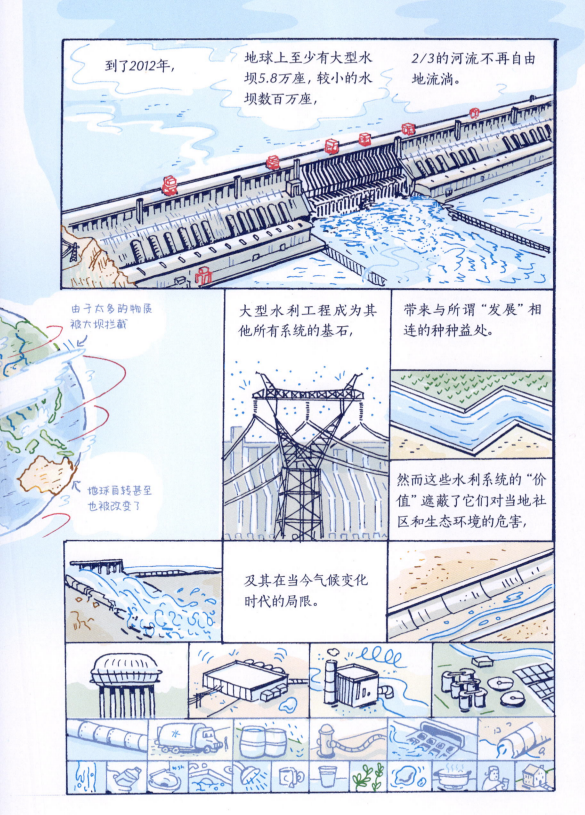

到了2012年，

地球上至少有大型水坝5.8万座，较小的水坝数百万座，

2/3的河流不再自由地流淌。

由于太多的物质被大坝拦截

地球自转甚至也被改变了

大型水利工程成为其他所有系统的基石，

带来与所谓"发展"相连的种种益处。

然而这些水利系统的"价值"遮蔽了它们对当地社区和生态环境的危害，

及其在当今气候变化时代的局限。

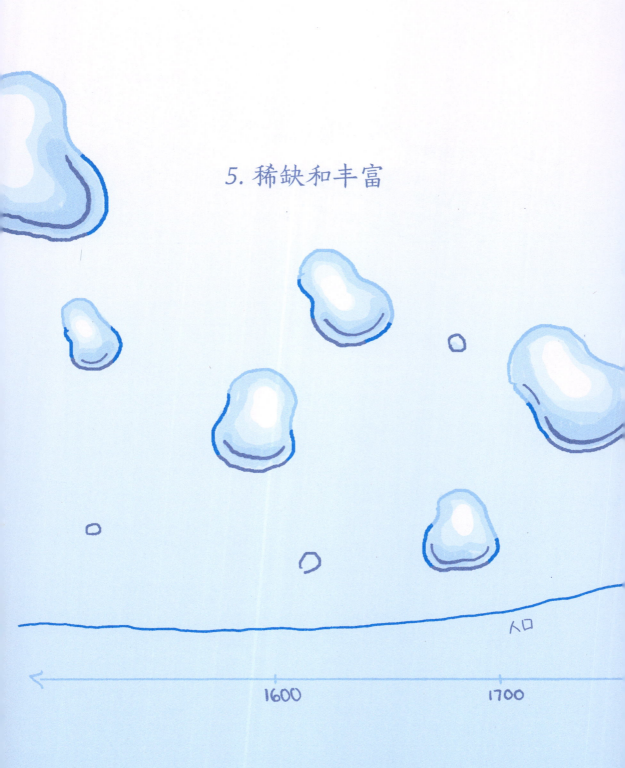

5. 稀缺和丰富

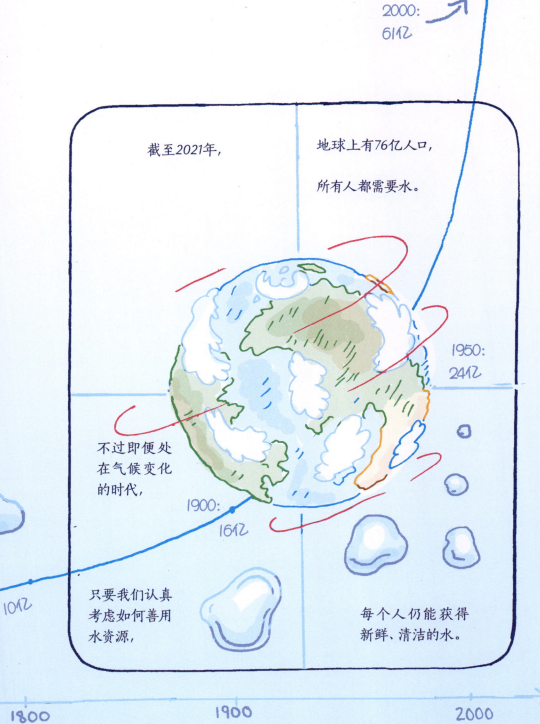

2000:
61亿

截至2021年，地球上有76亿人口，所有人都需要水。

1950:
24亿

不过即便处在气候变化的时代，

1900:
16亿

10亿

只要我们认真考虑如何善用水资源，

每个人仍能获得新鲜、清洁的水。

1800　　　1900　　　2000

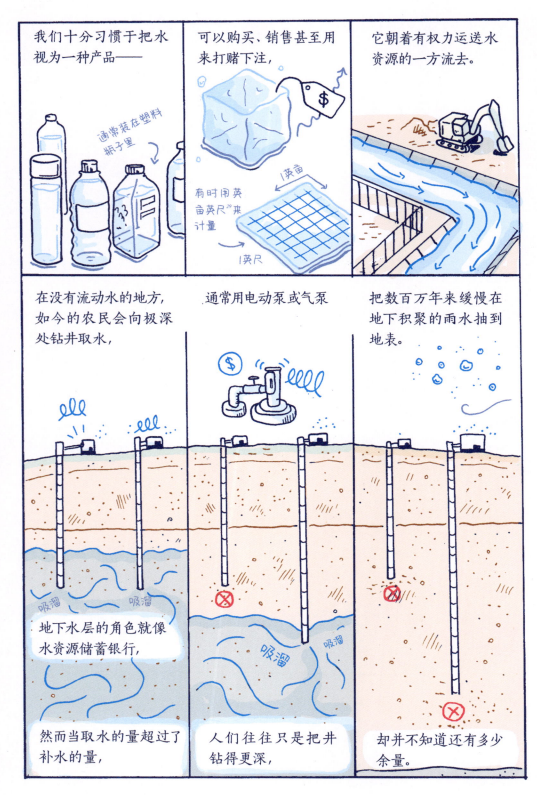

我们十分习惯于把水视为一种产品——

通常装在塑料瓶子里

可以购买、销售甚至用来打赌下注，

有时用英亩英尺[29]来计量

1英亩
1英尺

它朝着有权力运送水资源的一方流去。

在没有流动水的地方，如今的农民会向极深处钻井取水，

地下水层的角色就像水资源储蓄银行，

然而当取水的量超过了补水的量，

通常用电动泵或气泵

吸溜 吸溜

人们往往只是把井钻得更深，

把数百万年来缓慢在地下积聚的雨水抽到地表。

却并不知道还有多少余量。

吸溜 吸溜

取水用于农业，这是合理的。

苜蓿

然而人们无节制地将水用于以肉类为基础的饮食，

用于饲喂牛

还过量种植棉花和坚果等经济作物。

$

水被大坝拦截，利用其重量推动涡轮机，

或者在大多数发电厂里用于转换热能，

以制造电流。

水应用于工业，

生产化学制品

精炼石油

给数据中心散热，

制造衣服，

一条牛仔裤需要用到超过2,000加仑的水。

约3,000加仑

600加仑

生产我们身边几乎所有的东西。

30加仑

约600加仑

对于饮用和个人生活所需的那一小部分水，

精巧的输水管、水泵、水塔系统

让一些人能够用上经过特别过滤和处理的水。

泵上来　重力

水压

而对于无法利用供水系统的10亿人，

他们仍然需要每天找水，

尽一切可能获取水。

水

这意味着人类需要应对水资源的匮乏、

工业污染，

以及其他人排放的生活污水。

80%的污水未经处理就流回了环境

每年有30亿—40亿吨的重金属、有毒物质、沉渣和其他废弃物被倒入全世界的水体

18亿人喝着受粪便污染的水

在美国，就算有资格使用供水系统也不能保证用水安全。

如果供水系统建好以后得不到维护，其中的水就可能携带污染物，并悄悄在人体内产生毒性，

要记住我们的身体60%是水

这种情况通常出现在缺乏政治和经济支持的黑人和黄种人社区。

可能造成神经系统损伤或更严重的影响

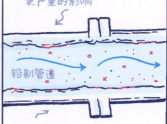

铅制管道

对儿童尤其危险

即便在富裕的城市，升级供水系统难度大且昂贵，可能要花费几十年的时间，还往往会被新上任的领导者推迟。

没有考虑过输水管道的问题

纽约一直在哈得孙河900英尺之下建造一条2英里长的旁通隧道，

没有考虑过输水管道的问题

巨型钻具诺拉花费3,000万美元

就是为了修补一条漏水的管道——它每天承担着全城一半以上的供水量。

和所有基础设施一样，水利工程永远无法真正完工——

社区需要持续进行维护、重新评估和重建，

尤其在循环系统正发生剧烈变化的当下。

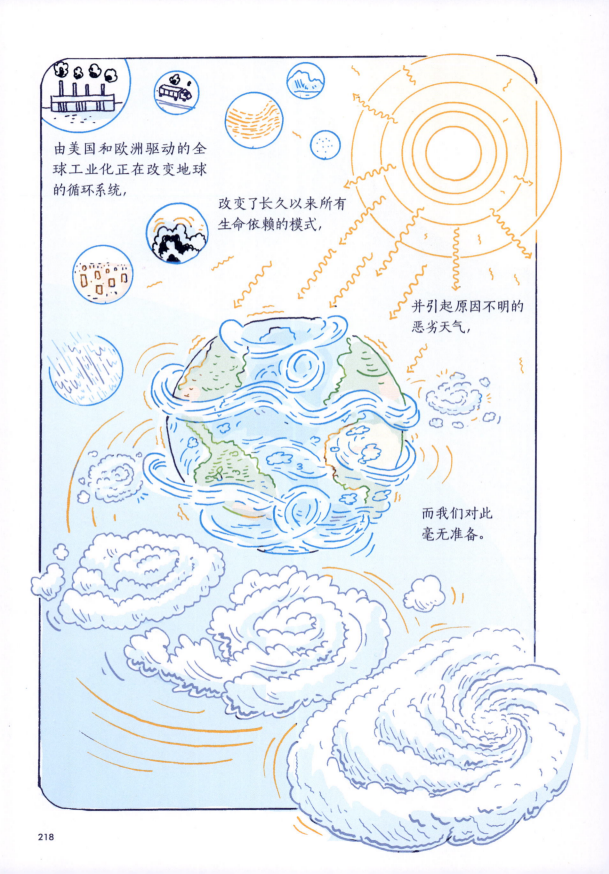

由美国和欧洲驱动的全球工业化正在改变地球的循环系统，

改变了长久以来所有生命依赖的模式，

并引起原因不明的恶劣天气，

而我们对此毫无准备。

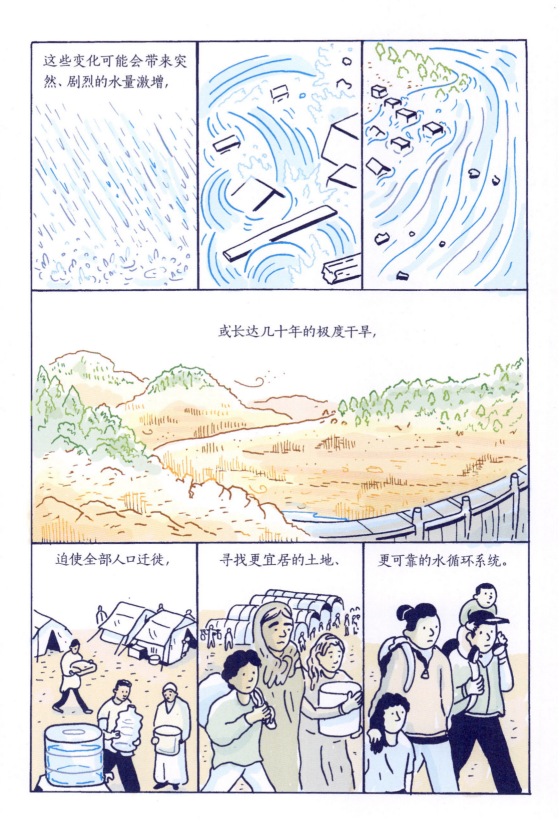

这些变化可能会带来突然、剧烈的水量激增，

或长达几十年的极度干旱，

迫使全部人口迁徙，　　寻找更宜居的土地、　　更可靠的水循环系统。

我们经常探讨能帮助缓解部分问题的新技术。

海水淡化工厂拥有能将海水脱盐的巨型设备，

但是这些机器也有其自身的局限和生态代价。

需要大量的能源

会产生盐渣

我们既可以通过改变能量来源来减缓地球变暖，

空气里的碳

土地里的碳

尽可能少用碳燃料

来给房子供电、供暖以及支持交通，

也可以借助互联网、传感器和计算机模型，

在全球范围内理解变化模式、

预测变化，并引导政策制定。

2050

不过，比起优先考虑技术解决方案，

我们更需要做的是理解对水的使用将如何影响他人，

又将如何影响我们在水循环中的位置。

作决策时需要考虑到处在水系统上游的社区和下游的社区之间的

权力不均衡，

并利用权力差距将水无私分享给全体居民。

我们同样需要人道的解决方案，为被水资源调度影响的人们提供支持。

放下假想的价格和价值，

打破独断专行的边界，

分享满足人类基本需求的资源。

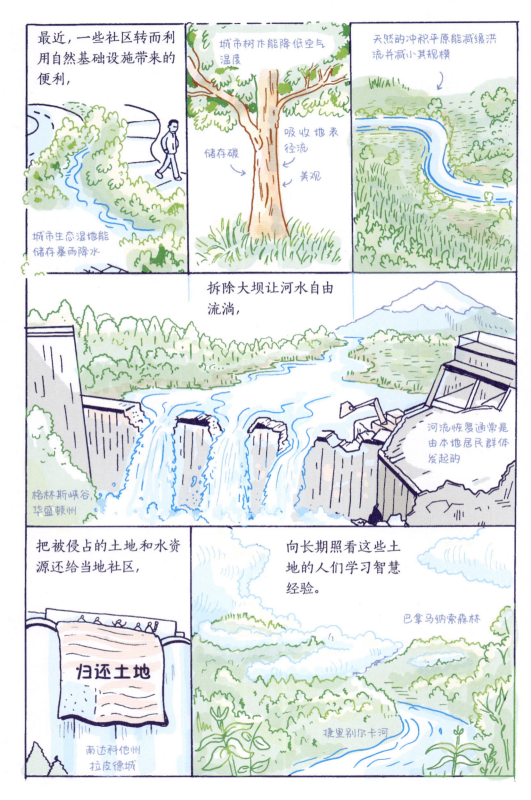

最近，一些社区转而利用自然基础设施带来的便利，

城市树木能降低空气温度

储存碳

吸收地表径流

美观

城市生态湿地能储存暴雨降水

天然的冲积平原能减缓洪流并减小其规模

拆除大坝让河水自由流淌，

格林斯峡谷，华盛顿州

河流恢复通常是由本地居民群体发起的

把被侵占的土地和水资源还给当地社区，

归还土地

南达科他州拉皮德城

向长期照看这些土地的人们学习智慧经验。

巴拿马纳索森林

捷里别尔卡河

通过这些行动，
我们意识到，

由广阔的生态
系统使用的水
循环

是多样性的
驱动力，

其中有无数的
共生关系

存在于每一个我们
能想象的规模中。

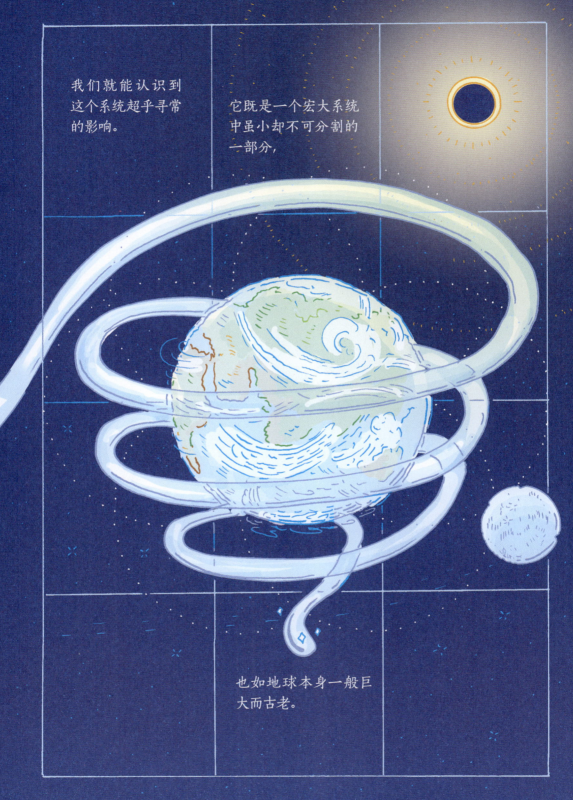

我们就能认识到
这个系统超乎寻常
的影响。

它既是一个宏大系统
中虽小却不可分割的
一部分，

也如地球本身一般巨
大而古老。

225

结语

我们想象中的未来是什么样?

即便完成了这本书，

我仍然惊讶于自己有太多不知道的事情。

我意识到，在"过去"（是无限的）和"历史"（主观而有选择地记录和阐释过去发生的事）之间，

（而且有些令人无法抗拒）

存在巨大的不同。

读者如果像我写作本书一样尝试回答这些问题，

可能会选择其他的叙述角度，

在这些漫画格子里写写画画。

或是近距离关注细节，

或是抽离开来，以更广阔的视野表达一种理解。

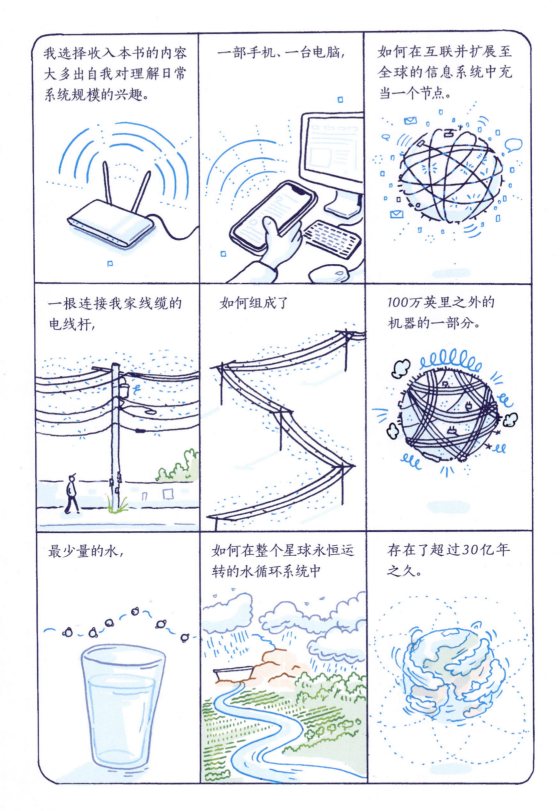

我选择收入本书的内容大多出自我对理解日常系统规模的兴趣。

一部手机、一台电脑，

如何在互联并扩展至全球的信息系统中充当一个节点。

一根连接我家线缆的电线杆，

如何组成了

100万英里之外的机器的一部分。

最少量的水，

如何在整个星球永恒运转的水循环系统中

存在了超过30亿年之久。

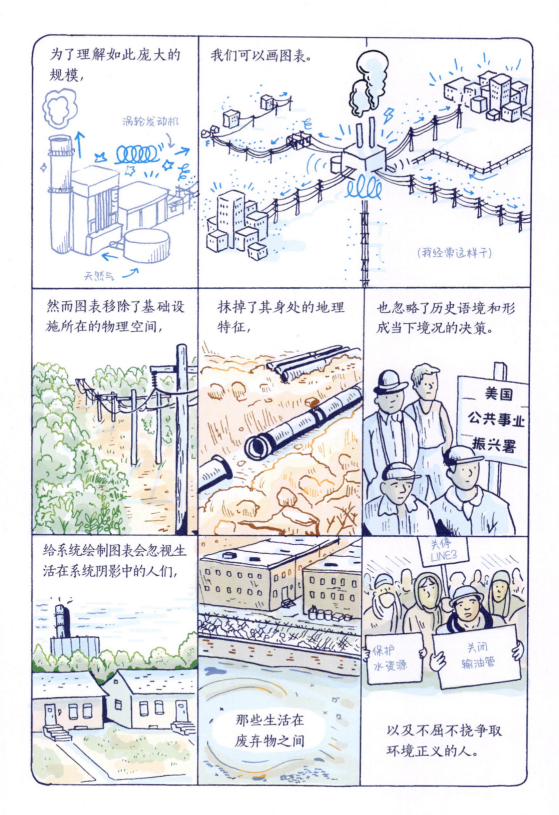

为了理解如此庞大的规模，

我们可以画图表。

涡轮发动机

天然气

（我经常这样干）

然而图表移除了基础设施所在的物理空间，

抹掉了其身处的地理特征，

也忽略了历史语境和形成当下境况的决策。

美国 公共事业 振兴署

给系统绘制图表会忽视生活在系统阴影中的人们，

那些生活在废弃物之间

关停 LINE3

保护水资源

关闭输油管

以及不屈不挠争取环境正义的人。

隐秘的系统比城市工程重要得多——它们塑造了我们的生活和思考方式。

我试着想象人们第一次看见不会产生烟雾的灯泡，

在喝了一辈子脏污、苦咸的水后，

第一次见到能流出净水的水龙头，

见证由电报电缆将第一条即时消息成功发送到大洋彼岸，

或者互联网发出的第一条信息。

这些系统都曾是辉煌的奇迹，

如今则为我们日常所用。

然而每个系统都有相应的代价，

不论是对其他人，

还是对地球自身。

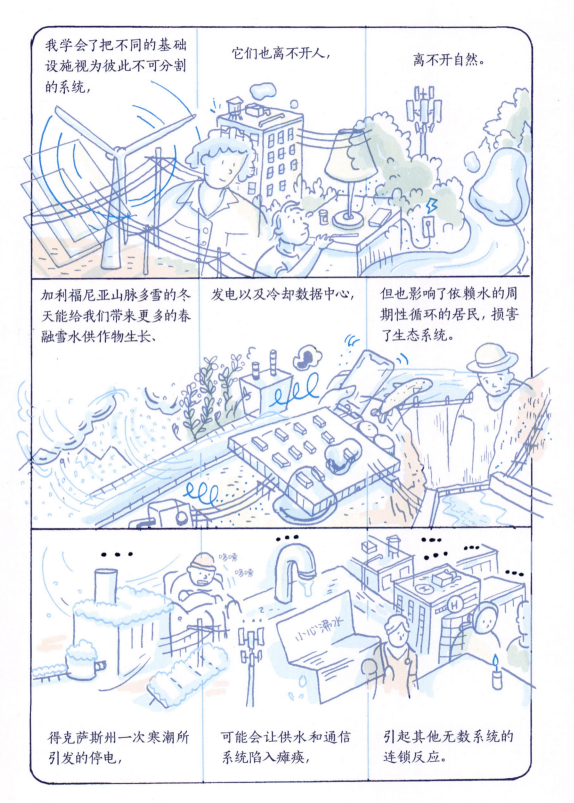

我学会了把不同的基础设施视为彼此不可分割的系统，

它们也离不开人，

离不开自然。

加利福尼亚山脉多雪的冬天能给我们带来更多的春融雪水供作物生长、

发电以及冷却数据中心，

但也影响了依赖水的周期性循环的居民，损害了生态系统。

得克萨斯州一次寒潮所引发的停电，

可能会让供水和通信系统陷入瘫痪，

引起其他无数系统的连锁反应。

虽然信息、电和水通常在无形之中传输，

但理解这些运转中的系统，

是一种看见它们的方式，

让人对这些系统所依赖的天然基础心怀感激。

起初，人们依随地球自
然系统的轮廓来建造
基础设施，

而新系统则倾向于沿用之前规划好的路径。

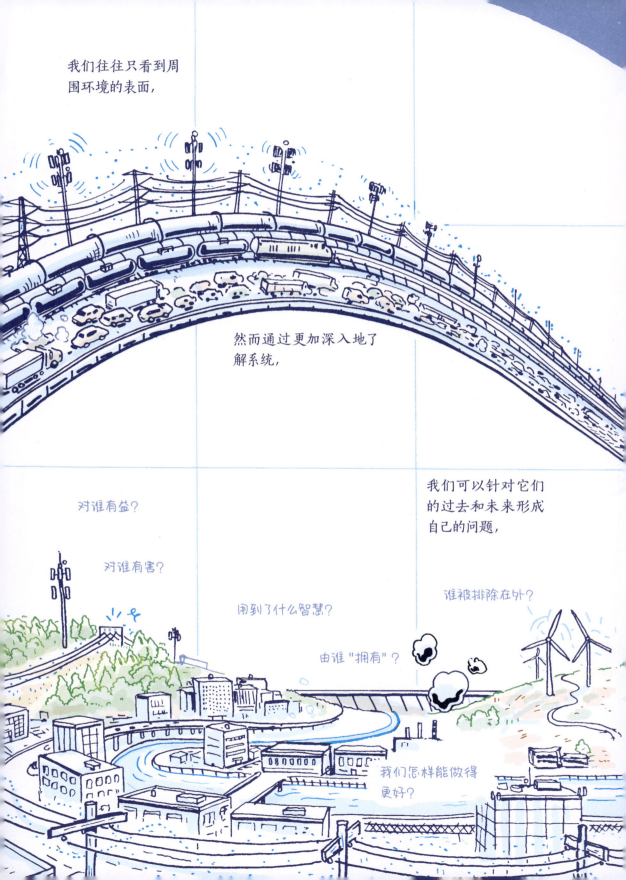

我们往往只看到周围环境的表面，

然而通过更加深入地了解系统，

我们可以针对它们的过去和未来形成自己的问题，

对谁有益？

对谁有害？

用到了什么智慧？

由谁"拥有"？

谁被排除在外？

我们怎样能做得更好？

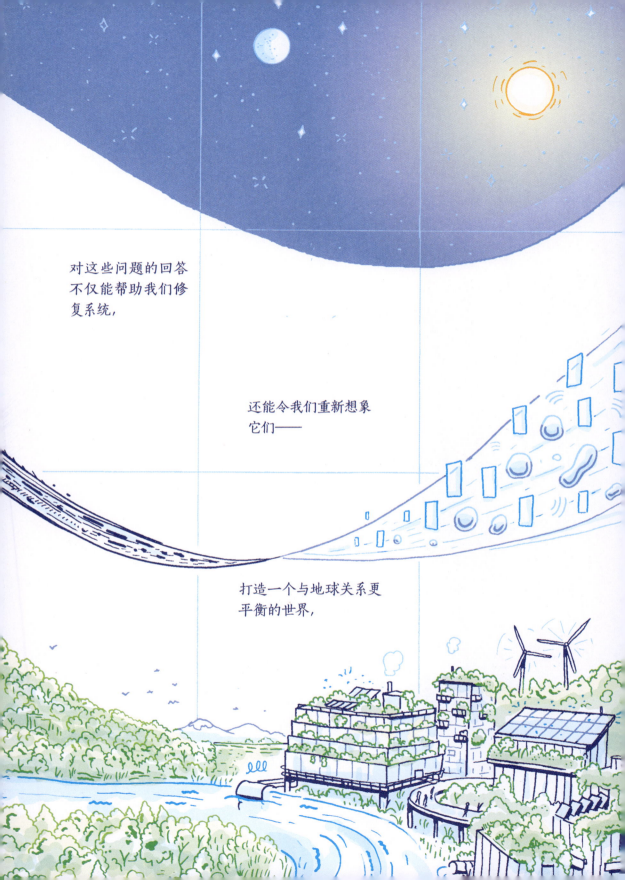

对这些问题的回答
不仅能帮助我们修
复系统，

还能令我们重新想象
它们——

打造一个与地球关系更
平衡的世界，

对所有人公平相待。

bit of information

electric current

spinning electrical generation

transforming current

no power

Wireless information.

pollution,

《城市运转的秘密》速写本

Data

megabyte
unit of data
MB

a song or photo might be ~5 MB

gigabyte
1,000 megabytes
GB

movie ~10 GB

terabyte
1,000 gigabytes
TB

~200,000 pictures

Power

Watt
unit of power
W

LED light bulb ~10 W

Kilowatt
1,000 watts
Kw

VRRR!
AC
appliances might use ~1-2 Kw

Megawatt
1,000 Kilowatts
MW

power plants might produce 50-2,000 MW

Water

Gallon
unit of volume
gal

1 gal jug
3.7 Liters

Cubic foot
~7.5 gallons
ft³

a bathtub might use 5

acrefoot
~326,000 gal
ac. ft

1 acre, 1 foot deep

maybe because the internet is abstract

s'up?

s'up

the way it transcends time and space

nm, u?

we've tended to describe it using metaphors.

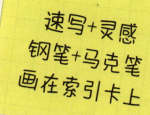

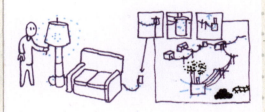

electricity is consumed the moment it's produced—and it's almost always being produced.

there is no giant battery that allows us to store massive amounts of energy.

(mostly)

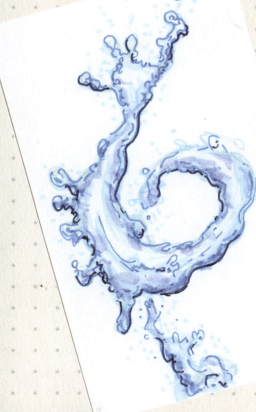

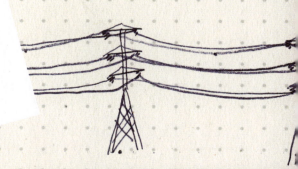

康涅狄格河边铁路沿线泡在水里的老旧电线杆

一幢老电报
大楼里的工作室

秘密的互联网大楼，佛蒙特州
怀特里弗章克申

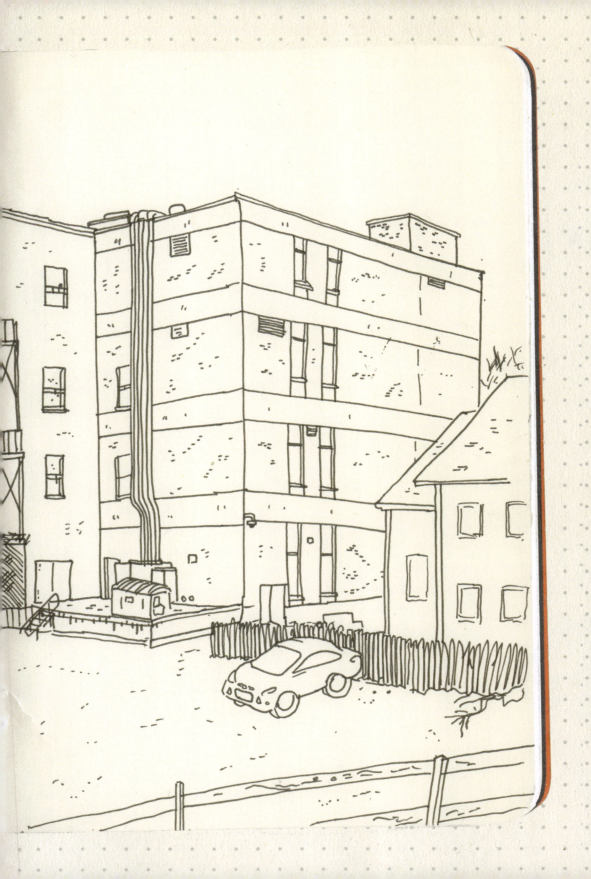

一些电力设
的涂鸦

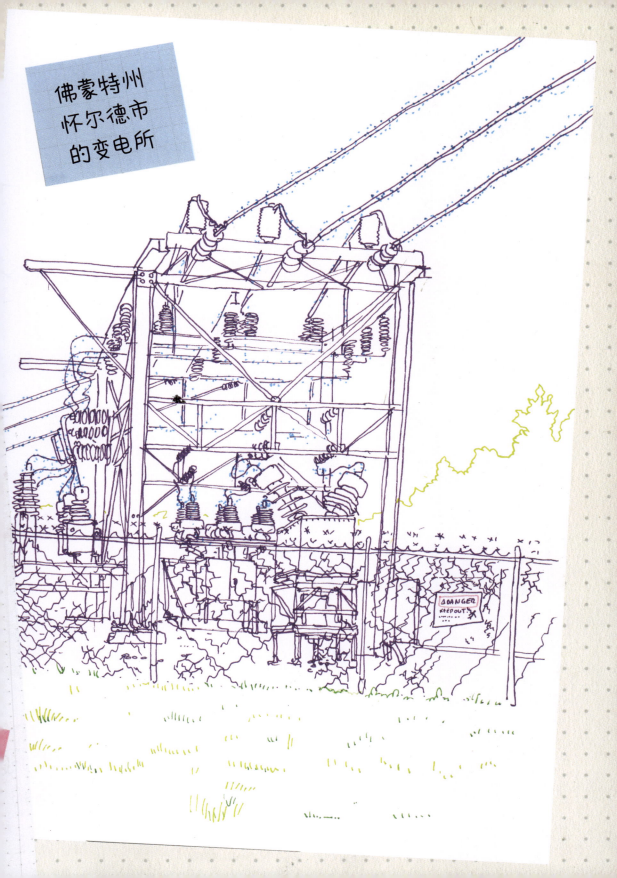

佛蒙特州
怀尔德市
的变电所

作者注释及致谢

时间范围：本书漫画是在四年的时间里陆续调研、撰写并绘制出来的。每天我都听到一些新的进展——新增的细节、新的政策、为了让资源更加平等地由每个人享有而取得的胜利，以及受到的挫折。我在过程中对信息做了许多更新，不过这些研究和图画对相关话题提出的问题大致落在以下时间范围内：

"光的线路"：2017—2018

"电网"：2018—2019

"供水系统"：2020—2021

原住民土地确认：这本书成书于怀特河与康涅狄格河的交汇之地 Ndakinna（意为"我们的土地"），这里是西阿布纳基人未受打扰的传统土地，现被称为佛蒙特和新罕布什尔的上游流域。阿布纳基人仍生活在 Ndakinna 地区，这片区域包括佛蒙特州、新罕布什尔州、马萨诸塞州、缅因州西部和魁北克省南部的一些地区。

成就了这本书的团队：感谢你，达里尔（Daryl），感谢你的爱与支持，以及教了我这么多关于漫画的东西。感谢我的家人——妈妈、爸爸、李（Lee）和艾德（Ed），还有这些年里所有过问我的书进展如何的朋友们。

感谢漫画研究中心的教职员工。

感谢你，吉娜·加利亚诺（Gina Galiano），你以精彩的见解、热情和耐心的支持帮助我完成和编辑这本书；感谢 RH Graphic 的惠特尼（Whitney）和帕特里克（Patrick）出色的工作，让它走向世界。感谢我的经纪人法利·蔡斯（Farley Chase）看到了这些故事的未来。感谢漫画研究中心的安迪·沃纳（Andy Warner）在这本书尚属美术硕士毕业设计项目时提供了宝贵的指导。

反馈和支持：感谢阅读初稿并提供反馈和支持的人——索菲·雅诺（Sophie Yanow）、詹森·卢茨（Jason Lutes）、达里尔·谢奇克（Daryl Seitchik）、凯勒·赫兰德（Cuyler Hudlund）、莱塞·胡克（Leise Hook）、艾玛·亨辛格（Emma Hunsinger）、蒂莉·沃尔登（Tillie Walden）、贾拉德·格林（Jarad Greene）、伊西·曼利（Issy Manley）、努尔·舒巴（Nur Schuba）、詹姆斯·斯特姆（James Sturm）、梅雷迪思·安格温（Meredith Angwin）和布莱恩·海斯（Brain Hayes）。

简化和删节：我希望通过漫画来表达对这些系统的理解，但我想指出，我对细节和历史

的描述做了一些简化；此外，在画基础设施和系统的时候，比起视觉上的精确，我往往更重视信息的清晰明了。

调研：漫画里的观点受到无数资料的影响。漫画内容基于曾在世界各地旅行、调研、拍摄、撰写过关于互联网、电力系统、气候与供水系统相关内容的人们所完成的工作。如果想进一步了解，请参考注释和参考文献中那些影响了本书绘画和观点的图书、电影和艺术作品。

感谢以下为我提供过帮助和建议的专家：感谢梅雷迪思·安格温提供有价值的洞见和对基础设施的探索；新英格兰 ISO 公司的莫莉（Molly）和埃里克（Eric）；感谢绿山电力公司和东北王国社区风电场的工作人员、克里斯汀·哈尔奎斯特（Christine Hallquist）、布莱恩·海斯、马修·沃尔德（Matthew Wald）；自由出版社的坎迪斯·克莱门特（Candace Clement）；我的高中科学老师琳达·塔伦蒂诺（Linda Tarantino）；佛蒙特州哈特福德市水务部的里克·肯尼（Rick Kenney）；联合通讯公司的马克·伍德（Mark Wood）和兰斯·斯温森（Lance Swenson）；达特茅斯学院地理系的弗兰西斯·J. 马吉利干（Francis J. Magilligan）、克里斯托弗·S. 斯内登（Christopher S. Sneddon）和科琳·A. 福克斯（Coleen A. Fox）；布鲁斯·R. 詹姆斯（Bruce R. James）；埃里克·桑德森（Eric Sanderson）；新罕布什尔州莱巴嫩市优秀的基尔顿公共图书馆；以及曾与我就互联网、电力和水系统交流过想法的数不清的人们。

艺术影响：要想试着列出所有对本书产生过影响的人是不可能的（也不太有帮助），但其中一些人给予了我格外多的灵感。比如旺达·佳谷（Wanda Gág）、维吉尼亚·李·伯顿（Virginia Lee Burton）和大卫·麦考利（David Macaulay）精彩的绘本；理查德·麦圭尔（Richard McGuire）、凯文·胡伊曾加（Kevin Huizenga）和索菲娅·福斯特－迪米诺（Sophia Foster-Dimino）对漫画中的时间所做的可视化叙述；索菲·雅诺（Sophie Yanow）和萨姆·沃尔曼（Sam Wallman）关于漫画的论文；小润·雷吉（Ron Regé, Jr.）和莱尔·韦斯特温德（Lale Westvind）对看不见的能源所做的惊人呈现；当然还有《阿凡达：最后的风之子》（*Avatar: The Last Airbender*）。

"……终极隐蔽真相……"引自大卫·格雷伯《规则的悖论：想象背后的技术愚笨与权力诱惑》（David Graeber, *The Utopia of Rules: On Technology, Stupidity, and the Secret Joys of Bureaucracy*, published by Melville House in 2015）。

光的线路

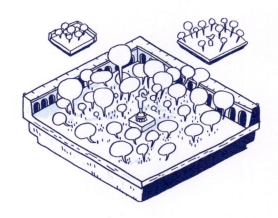

"所有电脑屏幕背后的抽象空间……" 引自托马斯·琼斯（Thomas Jones）发表于 2011 年 9 月 22 日《卫报》上的文章《威廉·吉布森：赛博空间背后》（"William Gibson: Beyond Cyberspace"）

"赛博空间，是人们每天都在共同感受的幻觉空间……" 引自《神经漫游者》（Gibson, *Neuromancer*, published in 1984 by Ace Books）。

"我们使用的比喻通常反映出我们的偏见……" 我是从 10 年前画政治卡通画（一种严重依赖视觉比喻的体裁）的时候开始用绘画探讨这个想法的。为乔什·杰扎（Josh Dzieza）的短文《互联网比喻史》（"A History of Metaphors for the Internet"）配图时，这篇文章为这些术语和研究并撰写过相关话题的人物提供了一个有用的年表，包括阿尔·戈尔（Al Gore）、朱迪思·多纳特（Judith Donath）、科尔内利乌斯·普什曼（Cornelius Puschmann）、吉恩·伯吉斯（Jean Burgess）、彼得·莱曼（Peter Lyman）、吴修铭（Tim Wu）以及丽贝卡·罗森（Rebecca Rosen）。

"互联网其实主要是……基础设施……" 我对互联网作为一种物理实体的理解主要受一些优秀图书和文章的影响，尤其是安德鲁·布鲁姆（Andrew Blum）的《管道：一趟通往互联网中心的旅程》（*Tubes: A Journey to the Center of the Internet*）、英格丽·伯灵顿（Ingrid Burrington）的作品，包括她的田野手册《纽约的网络：城市互联网基础设施插图田野手册》（*Networks of New York: An Illustrated Field Guide to Urban Internet Infrastructure*），以及妮可·斯塔罗西尔斯基（Nicole Starosielski）的《海底网络》（*The Undersea Network*），这本书详细描绘了海底电缆的网络。

"2. 电缆" 图中所画的船很可能主要是用来铺设电缆的，电缆绕在船上，沿海底铺设。铺设通信缆线的船往往要大一些，船内部设有多个电缆舱。

"……全红线……" 地图主要参考乔治·约翰逊（George Johnson）1903 年的作品《全红线：太平洋缆线计划的记录和目标》（*The All Red Line: The Annals and Aims of the Pacific Cable Project*）。这张图只展示了由英国主导的电缆。那个时期还有很多其他的电缆，在 27 页的地图上有所展示。

"美西战争期间……" 据我所知，这是第一次在战争期间发生的海底缆线破坏事件。关于这次行动是否成功，记载不一，不过大多认为美国没能砍断全部缆线。

"**今天，互联网的光纤电缆……**"地图主要参考 TeleGeography 制作的电缆地图，为确保图示清晰，对电缆的线路做了不太精确的描绘。自我开始调研至本书出版，已有几十条新的电缆投入使用。我对其中一些做了更新——但要想获得最新的交互式地图，请参考 submarinecablemap.com。电缆数量和总长度来自 TeleGeography 的"海底电缆问答"，数据截至 2021 年底。

"**互联网最初用……**"美国光纤主干网的地图参考自拉马克里希南·杜拉伊拉扬（Ramakrishnan Durairajan）、保罗·巴福德（Paul Barford）、乔尔·索莫斯（Joel Sommers）和瓦尔特·威林格（Walter Willinger）2015 年为威斯康星大学所做的研究《互联网管道：一项关于美国长程光纤基础设施的研究》（"InterTubes: A Study of the US Long-haul Fiber-optic Infrastructure"）。由于没有针对这些电缆的综合性记录，研究者们不得不耗费数年时间拼凑出一幅地图。若想更深入地了解铁路线和光纤电缆路线，参见英格丽·伯林顿（Ingrid Burrington）在 2015 年的会议 Eyeo Festival 上的演讲《它将消灭距离》（"It Tends to Annihilate Distance"）。

"**军方也曾将它用于对美国人的监控……**"关于这段历史的详细记载，参见亚莎·莱文（Yasha Levine）所著《硅谷监控：互联网的秘密军事史》（*Surveillance Valley: The Secret Military History of the Internet*）。

"**今天，交换点遍及全球……**"地图参考自 TeleGeography 制作的互联网交换点地图。更精确的交互式地图请参见 internetexchangemap.com。

"**在地区层面……**"图片参考自 co-buildings.com 上关于这些建筑的资料，虽然模糊但惊人地全面。

"**……仓库那么大……**"实际上要大得多——我参考了谷歌地图上的一处数据中心建筑群，也参考了英格丽·伯林顿 2015—2016 年在《大西洋月刊》（*The Atlantic*）的文章系列"在云之下"（Beneath the Cloud）。

"**数据中心分布在全美各地……**"为了图示的清晰，这里画的数据中心是虚构的。

"**并试验使用热气球……**"脸书和谷歌都在进行这项工作，不过到目前为止，热气球和无人机还不太实用，在提供网络方面，卫星看起来前景更好。

"**互联网看上去很像一台计算机……**"关于互联网像计算机的比喻已经被探索了几十年。1984 年，约翰·凯奇说："互联网就是

计算机。"1996 年,尼尔·斯蒂芬森(Neal Stephenson)为《连线》(Wired)杂志写过一篇关于世界上最长的光纤电缆的长文,题为《地球母亲的主板》("Mother Earth Mother Board")。他写道:"如果网络是计算机,那么它的主板就是地球的地壳。"

电网

"我听见的最远的雷声……"这里使用的版本是《狄金森诗集》

(*The Poems of Emily Dickinson*, published by Belknap Press of Harvard University Press in 1999, and edited by R. W. Franklin)。

"第一个实际可用的发电装置"——有关各种奇怪(有时还很愚蠢)的早期电器,详尽的研究参见迈克尔·布莱恩·希弗(Michael Brian Schiffer)所著《引导闪电:启蒙时代的本杰明·富兰克林与电气技术》(*Draw the Lightning Down: Benjamin Franklin and Electrical Technology in the Age of Enlightenment*)。

"珍珠街站 + 供电网络"——参考了众多蚀刻版画以及爱迪生公司在 1927 年制造的一个缩放模型的照片,该模型现存放在美国国家历史博物馆。

"针对交流电……的战争……"——"电流战争"或许是电网历史上最有名的故事了,有几十部图书和电影详述过这段历史。关于爱迪生在电椅方面的工作,参见马克·埃西格(Mark Essig)所著《爱迪生与电椅:一个关于电与死亡的故事》(*Edison and the Electric Chair: A Story of Light and Death*)。

"2. 建造电网传输"——格雷琴·巴克(Gretchen Bakke)在她出色的历史普及著作《电网:恼人的电线纠缠着美国人和我们的能源未来》(*The Grid: The Fraying Wires Between Americans and Our Energy Future*)中对遮蔽了纽约天空的杂乱电线做了详尽的描述。关于电网对社会和文化的影响有一部更具开创性的作品,参见大卫·E. 奈(David E. Nye)所著《美国电气化:一种新技术的社会意义,1880—1940》(*Electrifying America: Social Meanings of a New Technology, 1880–1940*)。

"富兰克林·D. 罗斯福政府及其'新政'……"——上部的图画参考了精确主义画家查尔斯·席勒的作品《暂停的力量》(*Suspended Power*,创作于 1939 年),藏于达拉斯艺术博物馆。

"第二次世界大战爆发……"——朱莉·A. 科恩(Julie A. Cohn)在著作《电网:一项美国技术的简史》(*The Grid: Biography of an American Technology*)中描述了控股公司和第二次世界大战如何影响了电网的互联。电网互联不是一个线性的过程,在战时政府的命令之下,一些电力公司还曾断开连接。

"从'二战'后……"——本页参考了通用电气剧场于 1956 年播出的一期节目,其中探访了后来成为美国总统的罗纳德·里根家里的电器。据通用电气所称,这是当年第三受欢迎的电视节目，在一周之内收视人数达 2,500 万。

"给家庭和工厂供能的电网"——地图参考了爱迪生电气协会于 1962 年出版的《电力系统互联现状报告》（"Report of the Status of Interconnected Power Systems"），在朱莉·A. 科恩的《电网：一项美国技术的简史》中有描述。

"燃煤的大型发电站"——有关煤和电在北美西南部城市的发展中的角色，参见安德鲁·尼达姆（Andrew Needham）精彩而有创意的研究《能源线：凤凰城以及现代西南地区的历史》（*Power Lines: Phoenix and the Making of the Modern Southwest*）。

"……能源以组分的形式为电网供电……"——将本地电网可视化是一项困难的任务。要了解你所在的州如何发电，请参阅纳贾·波波维奇（Nadja Popovich）和布拉德·普卢默（Brad Plumer）的《你所在的州是如何发电的》（"How Dose Your State Make Electricity"）。

"分配电力的权威机构……"——这幅画基于新英格兰独立系统运营公司的控制中心，它调度着新英格兰电网的电力。发电和输电所涉及的规章和市场复杂得难以想象。梅雷迪思·安格温在《短路：我们电网隐蔽的脆弱性》（*Shorting the Grid: The Hidden Fragility of Our Electric Grid*）中讨论了这些隐藏的系统。

"在世界各地，电力资源的分布……"——关于津巴布韦电力系统的殖民政策的更多信息，参见莫西·凯克沃罗（Moses Chikowero）的论文《附属电流：殖民时期的津巴布韦布拉瓦约的电气化与权力政治，1894—1939》（"Subalternating Currents: Electrification and Power Politics in Bulawayo, Colonial Zimbabwe, 1894–1939"）。有关波多黎各对其电网的抗争，参见艾德·莫拉尔斯（Ed Morales）《波多黎各私有化》（"Privatizing Puerto Rico"）。

供水系统

"你知道，他们把密西西比河的河道改直了好几处……" 这句话引自托妮·莫里森的文章《记忆之地》（"The Site of Memory"），其后继续写道："作家就是这样：记住我们身在何处、穿过了哪条峡谷、河岸是什么样子、岸上的灯，还有回到我们发源地的那条路线。这是一种情绪记忆——既是表象，也是神经和皮肤所记得的东西。涌现的想象力就是我们的'洪水'。"

"地球形成于约 45 亿年前……" 对地球历史的形象呈现可参见维吉尼亚·李·伯顿的图画书《生命故事》（*Life Story*）和史密森学会的网站应用"与互动地球进行一场深时之旅"（Travel Through Deep Time With This Interactive Earth）。

"相比于水的总量……" 感谢美国地质调查所（USGS）提供地球水体数据。

"我们很容易想象……" 对日用水量的估计差别很大，每人每天 80—100 加仑是 USGS 的估计。

"我们同样难以想象……" 美国国家科学基金

会运营的冰芯设施，在 icecores.org 网站有一些不错的资料。科学家也会研究树木年轮来深入了解过去，并获得佐证数据。

"**大约 6,000 年前……**"世界各地关于水的历史和文明参见史蒂文·所罗门（Steven Solomon）所著《水：对财富、权力和文明的大斗争》（*Water: The Epic Struggle for Wealth, Power, and Civilization*）和史蒂文·米森（Steven Mithen）所著《干渴：古代世界的水与权力》（*Thirst: Water and Power in the Ancient World*）。

"**约 100 万的人口……**"对古代人口的不同估计通常都差别很大，调研古罗马的人口时，我发现估计的数字从少于 50 万到 100 多万不等。

"**1 万年以来……**"——我在这里尝试列举历史上的一些有独创性的供水系统，可惜空间不够了（还有更多的系统未能收入）。关于印度阶梯井，维多利亚·洛特曼（Victoria Lautman）有一本美丽的摄影集名为《消失的印度阶梯井》（*The Vanishing Stepwells of India*）。通过"虚拟吴哥项目"（Virtual Angkor Project），游客可以探索现属柬埔寨的吴哥窟在 13 世纪时打造的水力大都市。

"**……曼纳哈塔岛……**"——关于"曼纳哈塔岛及威利吉亚项目"的更多信息，参见 Welikia.org。该项目致力于再现殖民化之前的曼哈顿岛及其周边地区。项目由埃里克·W. 桑德森（Eric W. Sanderson）领导。

"**通过导水渠从远处的水源……**"——赞美"老克罗顿导水渠的朋友们"（Friends of the Old Croton Aqueduct），他们收集了许多修建和称颂纽约早期水利系统的图像并将之数字化。

"**泰晤士河成了整座城市的下水道……**"——有关下水道系统的完整记录，参见斯蒂芬·哈利迪（Stephen Halliday）所著《下水道地下指南》（*An Underground Guide to Sewers*），书中对不同时期和地域的下水道系统的发展做了大量的视觉呈现。

"**用水促进生产……**"——大卫·麦考利的《工厂》（*Mill*）对不同的工厂是怎样建造的提供了出色视觉导览，从小型水车到大工厂应有尽有。

"**种植作物对水的需要量……**"——这两页的底栏图片灵感来自泰伦斯·马力克（Terrence Malick）的《天堂之日》（*Days of Heaven*, 1987）的一些镜头。影片设定在 1916 年的得克萨斯州潘汉德尔市。影片的摄影为内斯托尔·阿尔门德罗斯（Néstor Almendros）和

哈斯克尔·韦克斯勒（Haskell Wexler）。关于由我们自己造成的环境灾害，更多信息参见肯·伯恩斯（Ken Burns）的纪录片《黑色风暴》（The Dust Bowl），于 2012 年在 PBS 播出。关于殖民北美对美洲原住民带来的环境非正义（environmental injustice）的记录，参见迪娜·吉利奥－惠特科尔（Dina Gilio-Whitaker）所著《只要草在生长》（As Long As Grass Grows）。

"世界最大的水利工程之一"——中央河谷工程持续了数十年，与加州水资源计划并行。地图有所夸张，所参考自美国垦务局委托创作的一幅图像，由 A. A. 阿贝尔（A. A. Abel）绘制、A. Hoen & Co. 印制。

"沙斯塔坝……"——这里的一些图灵感来自一部默片《沙斯塔坝建了起来》（So Shasta Dam Was Built），由霍华德·科尔比（Howard Colby）于 1945 年拍摄，2017 年沙斯塔历史学会将影片上传至 YouTube。

"在没有流动水的地方……"几十年来，抽取地下水基本上不受监管，过度从地下水层抽水曾经真的多次引发地面沉降。

"对于饮用和个人生活所需的那一小部分水……"这部分只浅浅地触及了现代水处理系统。要想形象地理解当代水利工程以及其他各类基础设施，我高度推荐布莱恩·海斯的《基础设施：导读工业景观》（Infrastructure: A Guide to the Industrial Landscape）。

"迫使全部人口迁徙……"气候变化对移民的影响在托德·米勒（Todd Miller）的《突袭围墙：气候变化、移民和国土安全》（Storming the Wall: Climate Change, Migration and Homeland Security）中有所描述。

"拆除大坝让河水自由流淌……"本地居民群体和部落经常参与拆除大坝，这一过程既是对文化的疗愈，也是对生态系统的修复。更多信息参见科琳·A. 福克斯（Coleen A. Fox）等人的论文《"这条河流就是我们；河水奔腾在我们的血管里"：重新定义三个印第安社区的河流修复》（"'The River Is Us; The River Is in Our Veins': Re-defining river restoration in three Indigenous communities"）。

"把被侵占的土地和水资源还给当地社区……"这一栏参考了来自 10 个不同国家的社会活动家在 2021 年 7 月 4 日发起的行动。更多信息参见 NDNcollective.org 上的 NDN 集体组织（NDN Collective）。

"长期照看这些土地的人们……"关于纳索人为保护祖先留下的家园所做的努力，更多信息参见加里布埃尔·拉瑟福德

（Gabriella Rutherford）2019 年 8 月 20 日为 intercontinentalcry.org 所写的文章《我们守护自然，而非国家》（ "We Are Nature's Best Guardians, Not the State" ）。

总结

"不屈不挠争取环境正义的人……" 迪娜·吉利奥－惠特科尔在《只要草在生长》中记录了原住民反抗环境非正义的历史。

参考文献

光的线路

Blum, Andrew. *Tubes: A Journey to the Center of the Internet*. New York: HarperCollins, 2012.

Burrington, Ingrid, and Emily Ann Epstein, Tim Hwang, Karen Levy, and Alexis Madrigal. "Beneath the Cloud" series, *The Atlantic*, 2015–2016.

Burrington, Ingrid. *Networks of New York: An Illustrated Guide to Urban Internet Infrastructure*. Brooklyn: Melville House, 2016.

Ceruzzi, Paul E. *Internet Alley: High Technology in Tyson's Corner, 1945–2005*. Cambridge: The MIT Press, 2011.

Dzieza, Josh. "A History of Metaphors for the Internet." TheVerge.com, 2014. theverge.com/2014/8/20/6046003/a-history-of-metaphors-for-the-internet.

Hayes, Brian. "The Infrastructure of the Information Infrastructure." *American Scientist* 85, 1997.

Hu, Tung-hui. *A Pre-History of the Cloud*. Cambridge: The MIT Press, 2015.

Johnson, George. *The All Red Line: The Annals and Aims of the Pacific Cable Project*. Ottawa: James Hope and Sons, 1903.

Lee, Timothy B. "40 Maps That Explain the Internet." Vox.com, 2014. vox.com/a/internet-maps.

Leiner, Barry M., Vinton G. Cerf, David D. Clark, Robert E. Kahn, Leonard Kleinrock, Daniel C. Lynch, Jon Postel, Larry G. Roberts, and Stephen Wolff. *A Brief History of the Internet*. Internetsociety.org, 1997. internetsociety.org/internet/history-internet/brief-history-internet.

Levine, Yasha. *Surveillance Valley: The Secret Military History of the Internet*. New York: Public Affairs, 2018.

Lyons, Jeffrey K. "The Pacific Cable, Hawai'i, and Global Communication." *The Hawaiian

Journal of History 39, 2005.

Mendelsohn, Ben. *Bundled, Buried, and Behind Closed Doors.* 2011. Video, 10:05. vimeo.com/30642376.

Parker, Matt, dir. *The People's Cloud.* 2017. thepeoplescloud.org.

Rosen, Rebecca J. "Clouds: The Most Useful Metaphor of All Time?" *The Atlantic,* Sept. 30, 2011. theatlantic.com/technology/archive/2011/09/clouds-the-most-useful-metaphor-of-all-time/245851.

Starosielski, Nicole. *The Undersea Network.* Durham: Duke University Press, 2015.

Stephenson, Neal. "Mother Earth Mother Board." *Wired,* 1996.

TeleGeography. Submarine Cable Frequently Asked Questions. Submarine Cable 101. 2021. www2.telegeography.com/submarine-cable-faqs-frequently-asked-questions.

电网

Angwin, Meredith. *Shorting the Grid: The Hidden Fragility of Our Electric Grid.* Hartford: Carnot Communications, 2020.

Bakke, Gretchen. *The Grid: The Fraying Wires Between Americans and Our Energy Future.*

New York: Bloomsbury, 2016.

Bodanis, David. *Electric Universe: The Shocking True Story of Electricity.* New York: Crown, 2005.

Chikowero, Moses. "Subalternating Currents: Electrification and Power Politics in Bulawayo, Colonial Zimbabwe, 1894–1939." *Journal of Southern African Studies* 33, no. 2, 2007.

Cohn, Julie A. *The Grid: Biography of an American Technology.* Cambridge: The MIT Press, 2017.

Essig, Mark. *Edison and the Electric Chair: A Story of Light and Death.* New York: Walker and Company, 2003.

Jonnes, Jill. *Empires of Light: Edison, Tesla, Westinghouse, and the Race to Electrify the World.* New York: Random House, 2003.

Morales, Ed. "Privatizing Puerto Rico." *The Nation,* Dec. 1, 2020.

Munson, Richard. *Tesla: Inventor of the Modern.* New York: W. W. Norton & Co, 2018.

National Power Survey, 1964. Federal Power Commission.

Needham, Andrew. *Power Lines: Phoenix and the Making of the Modern Southwest.* Princeton: Princeton University Press, 2014.

Nye, David E. *Electrifying America: Social Meanings of a New Technology, 1880–1940.* Cambridge: The MIT Press, 1990.

Popovich, Nadja, and Brad Plumer. "How Does Your State Make Electricity?" *New York Times,* Oct. 28, 2020.

Rhodes, Richard. *Energy: A Human History.* New York: Simon and Schuster, 2018.

Roach, Craig R. *Simply Electrifying: The Technology That Transformed the World, from Benjamin Franklin to Elon Musk.* Dallas: Benbella Books, 2017.

Rudolph, Richard, and Scott Ridley. *Power Struggle: The Hundred-Year War over Electricity.* New York: Harper and Row, 1986.

Schiffer, Michael Brian. *Draw the Lightning Down: Benjamin Franklin and Electrical Technology in the Age of Enlightenment.* Berkeley: University of California Press, 2013.

Shamir, Ronen. *Current Flow: The Electrification of Palestine.* Palo Alto: Stanford University Press, 2013.

Thompson, William L. *Living on the Grid: The Fundamentals of the North American Electric Grids in Simple Language.* Bloomington, IN: iUniverse, 2016.

供水系统

Allen, David, and Catherine Watling. *H2O: The Molecule That Made Us.* WGBH Boston and Passion Planet Ltd., 2020.

Arax, Mark. *The Dreamt Land: Chasing Water and Dust Across California.* New York: Alfred A. Knopf, 2019.

Ball, Phillip. *The Water Kingdom: A Secret History of China.* Chicago: University of Chicago Press, 2017.

Burton, Virginia Lee. *Life Story: The Story of Life on Earth from Its Beginnings Up to Now.* Boston: Houghton Mifflin Harcourt, 1962, 1990.

Fishman, Charles. *The Big Thirst: The Secret Life and Turbulent Future of Water.* New York: Free Press, 2012.

Fox, Coleen A., Nicholas James Reo, Dale A. Turner, JoAnne Cook, Frank Dituri, Brett Fessell, James Jenkins, Aimee Johnson, Terina M. Rakena, Chris Riley, Ashleigh Turner, Julian Williams, and Mark Wilson. "'The River Is Us; the River Is in Our Veins': Re-defining River Restoration in Three Indigenous Communities." *Sustainability Science* 11, no. 3, May 2016.

Glennon, Robert. *Unquenchable: America's Water Crisis and What to Do About It.* Washington DC: Island Press, 2009.

Halliday, Stephen. *An Underground Guide to Sewers, or: Down, Through & Out in Paris, London, New York &c.* Cambridge: The MIT Press, 2019.

Kimmelman, Michael. "When Manhattan Was Mannahatta: A Stroll Through the Centuries." *New York Times*, May 13, 2020.

Klein, Naomi, and Rebecca Stefoff. *How to Change Everything: A Young Human's Guide to Protecting the Planet and Each Other*. New York: Simon and Schuster, 2021.

Lautman, Victoria. *The Vanishing Stepwells of India*. London: Merrell Publishers, 2017.

Miller, Todd. *Storming the Wall: Climate Change, Migration and Homeland Security*. San Francisco: City Lights Books, 2017.

Mithen, Steven. *Thirst: Water and Power in the Ancient World*. Cambridge: Harvard University Press, 2012.

Reisner, Mac. *Cadillac Desert: The American West and Its Disappearing Water*. Penguin Books, 1986, 2017.

Rutherford, Gabriella. "We Are Nature's Best Guardians, Not the State," intercontinentalcry. org, Aug. 20, 2019. intercontinentalcry.org/we-are-natures-best-guardians-not-the-state.

Salzman, James. *Drinking Water: A History*. New York: Overlook Duckworth, 2012, 2017.

Sedlack, Dave. *Water 4.0: The Past, Present and Future of the World's Most Vital Resource*. New Haven: Yale University Press, 2014.

Smithsonian. "Travel Through Deep Time With This Interactive Earth." Web application. smithsonianmag.com/science-nature/travel-through-deep-time-interactive-earth-180952886.

Sneddon, Christopher. *Concrete Revolution: Large Dams, Cold War Geopolitics, and the US Bureau of Reclamation*. Chicago: University of Chicago Press, 2015.

Solomon, Steven. *Water: The Epic Struggle for Wealth, Power, and Civilization*. New York: Harper Perennial, 2010.

Taylor, Dorceta E. *Toxic Communities: Environmental Racism, Industrial Pollution, and Residential Mobility*. New York: New York University Press, 2014.

Thompkins, Christopher R. *The Croton Dams and Aqueducts*. Charleston: Arcadia, 2000.

泛论

Acker, Emma, Sue Canterbury, Adrian Daub, and Lauren Palmor. *Cult of the Machine: Pre-*

cisionism and American Art. New Haven: Yale
University Press, 2018.

Ascher, Kate. *The Works: Anatomy of a City*.
New York: Penguin Books, 2005.

Gilio-Whitaker, Dina. *As Long as Grass Grows:
The Indigenous Fight for Environmental Justice
from Colonization to Standing Rock*. Boston:
Beacon Press, 2019.

Hayes, Brian. *Infrastructure: A Guide to the In-
dustrial Landscape*. New York: W. W. Norton,
2005, 2014.

Huller, Scott. *On the Grid: A Plot of Land, an
Average Neighborhood, and the Systems That
Make Our World Work*. New York: Rodale,
2010.

Kingfisher Visual Factfinder, The. New York:
Kingfisher, 1993, 1996.

Macaulay, David. *City*. Boston: Houghton Miff-
lin Harcourt, 1974.

Macaulay, David. *Mill*. Boston: Houghton Miff-
lin Harcourt, 1983.

Macaulay, David. *The Underground*. Boston:
Houghton Mifflin Harcourt, 1976.

Macaulay, David. *The Way Things Work Now:
From Levers to Lasers, Windmills to Wi-Fi, A
Visual Guide to the World of Machines*. Boston:
Houghton Mifflin Harcourt, 1988, 2016.

译者注

1　译文参考了 2013 年江苏凤凰文艺出版社出版的《神经漫游者》，Denovo 译，有修改。除特别标注，本书注释均为译者所加。

2　Advance Research Project Agency，ARPA，因此为其开发的网络名为 ARPANET（阿帕网）。

3　Interface Message Processor，接口信息处理器。

4　SNA（Systems Network Architecture，系统网络架构）是 IBM 公司在 1974 年为该公司的大型主机网络架构所定的标准和通信协议。

5　DECnet 是由数字设备公司（Digital Equipment Corporation）推出并支持的一组协议集合。

6　TCP/IP 是指一个由 FTP、SMTP、TCP、UDP、IP 等协议构成的协议簇，为网际网络的基础通信架构。它通常被称为 TCP/IP 协议簇，因为两个核心协议 TCP（传输控制协议）和 IP（网际协议）为该家族中最早通过的标准。

7　AT&T 和 Level3 均为美国知名电信服务及网际网络服务提供商。

8　电传打字机是在传真机普遍使用以前的通信设备，是一种远距离打印交换的编写形式，其原理类似电报，现在基本已被传真机或互联网取代。

9　Commodore 64，也称为 C64、CBM 64，是由康懋达国际于 1982 年 1 月推出的 8 位家用电脑。它在吉尼斯世界纪录中被列为有史以来最畅销的单一电脑型号，独立估计出售数量在 1,000 万至 1,700 万台之间。

10　Macintosh 是自 1984 年 1 月起由苹果公司设计、开发和销售的个人电脑系列产品。Macintosh 128k 是第一款成功面向大众市场的个人电脑，拥有图形用户界面、内置屏幕和鼠标。

11　PS2（Personal System/2）是 IBM 推出的第三代个人电脑，采用英特尔 386 处理器、微通道总线和 OS/2 操作系统。该系统定义了一些包括键盘与鼠标在内的外部设备所使用的接口，使用非常广泛，一直到多年之后才逐渐被 USB 等后来开发的接口规格取代。

12　艾米莉·狄金森（1830—1886）诗作《我听见的最远的雷声》（*The Farthest Thunder that I Heard*），译文引自《狄金森诗全集》，蒲隆译，上海译文出版社，2020 年。

13　自然哲学家，科学家的前称。"科学家"一词晚至 1840 年左右才被明确提出。

14 electrical virtue。格里克深受活力论（Vitalism）的影响，认为地球拥有"灵魂"，从而具有"重力性""排斥性"等种种"德性"。为了模拟地球，他发明了发电工具的雏形——一个带中轴的硫黄球。他发现，通过摩擦等操作，它也会展现出某些"德性"，例如吸附轻质物体、使羽毛悬浮于其上。这其实就是日后所说的静电引力和斥力。

15 奥托·冯·格里克（Otto von Guericke，1602—1686），德国物理学家、政治家，他发明了活塞式真空泵，并进行了著名的马德堡半球实验。

16 亚历山德罗·伏特（Alessandro Volta，1745—1827），意大利物理学家，除了发明电池，还研究了电势与电荷的关系，电势的单位就是以他的名字"伏特"命名。

17 迈克尔·法拉第（Michael Faraday，1791—1867），英国物理学家，在电磁学及电化学领域做出许多重要贡献，包括电磁感应、抗磁性、电解等。

18 1 英尺约合 30.48 厘米。

19 一档由通用电气公关部赞助的单元剧，由罗纳德·里根主持，在 CBS 广播和电视上播放。

20 1 磅合 0.453 592 37 千克。

21 美制的液体加仑定义为 231 立方英寸，等于 3.785 411 784 升。

22 压裂液的主要成分是水，并混合 3—12 种低浓度化学物质，以达到比纯水更好的效果。一般压裂液含 98%—99.5% 的水，其他物质则占 0.5%—2%。

23 在架空输电线路中起到电气绝缘和机械固定作用的装置。

24 托妮·莫里森（Toni Morrison，1931—2019）美国非裔女性作家，是世界文学界最重要的作家之一，1993 年获诺贝尔文学奖，代表作有小说《最蓝的眼睛》等。

25 罗迪尼亚大陆（Rodinia）是古代地球曾经存在的超大陆，这块超大陆的合并程度比较高，是由当时几乎所有陆块合并而成。

26 雪球地球的假说认为，在新元古代曾经发生过一次严重的全球冰冻现象，以至于地球上的海洋全部被冻结，仅在厚达两公里的冰层下存有少量因地热而融化的液态水。

27 1 盎司（oz）= 28.350 克；16 盎司 = 1 磅（pound）。

28 1804 年 7 月 11 日，前美国财政部长亚历山大·汉密尔顿与时任美国副总统的阿龙·伯尔进行决斗，主要原因是两人长期的政见分歧，伯尔对汉密尔顿开了致命一枪。

29 美国常用的体积单位，通常用来度量大型水资源，如水库、引水道、运河、灌溉水以及河流的流量。1 英亩英尺约等于一个 25 米长、16 米宽、3 米深的八道标准游泳池的容量。

译名对照表

作者简介

丹·诺特自打小时候在伍斯特艺术博物馆上漫画课起就开始画漫画。从小学到大学，他总是尝试把漫画当作业交上去。他大学就读于马萨诸塞大学阿姆赫斯特分校，主修政治学、新闻学和艺术。

在佛蒙特州怀特里弗章克申的漫画研究中心（CCS），丹开始用漫画的形式考察隐秘的系统，以此作为毕业设计，这些内容构成了本书的第一部分。

在《这就是民主：图说治理》(*This Is What Democracy Looks Like: A Graphic Guide to Governance*) 这部漫画里，丹担任主要漫画家，本书由 CCS 出版，在全美免费发行。他热爱独立出版，自出版有一系列迷你漫画。

汉娜·科恩 (Hannah Cohen) 摄

除了画漫画，丹也是一名插画师，为 The Nib、WBUR、NJ Advance Media 和 Spotlight PA 等调查报告和新闻机构制作漫画和提供视觉。丹还是一名教育者，教授有关制作漫画和漫画史的课程。

丹和伴侣达里尔及可爱又凶猛的猫祖克一起在佛蒙特州生活。

关于他的近期项目请访问 dannott.com。

守望思想　　逐光启航

LUMINAIRE
光启

城市运转的秘密：水、电、互联网背后的故事
[美] 丹·诺特 著

邹　熙 译

责任编辑　顾逸凡
营销编辑　池　淼　赵宇迪
装帧设计　翁　一

出版：上海光启书局有限公司
地址：上海市闵行区号景路 159 弄 C 座 2 楼 201 室　201101
发行：上海人民出版社发行中心
印刷：上海盛通时代印刷有限公司
制版：北京方圆创智文化传播有限公司

开本：720mm×1000mm　1/16
印张：17.5　　字数：350，000
2024 年 2 月第 1 版　　2025 年 1 月第 2 次印刷
定价：128.00 元
ISBN：978-7-5452-1995-1/Z·1

图书在版编目 (CIP) 数据

城市运转的秘密：水、电、互联网背后的故事 /
（美）丹·诺特著；邹熙译 . —上海：光启书局，2023（2025.1 重印）
书名原文：Hidden Systems: Water, Electricity,
the Internet, and the Secrets Behind the Systems
We Use Every Day
ISBN 978-7-5452-1995-1

Ⅰ . ①城… Ⅱ . ①丹… ②邹… Ⅲ . ①科学知识－普
及读物Ⅳ . ① Z228

中国国家版本馆 CIP 数据核字 (2023) 第 225706 号

本书如有印装错误，请致电本社更换 021-53202430